4type × 4color

顔型とカラー診断で、
自分が一番きれいに見える
メイクがわかる本

メイク&カラーコンサルタント
あやんぬ

KADOKAWA

はじめに

はじめましてな方もそうでない方も、この本を手に取ってくださり、ありがとうございます。

メイク&カラーコンサルタントのあやんぬと申します。

私は、現在「パーソナルカラー診断」（第2章参照）、身体の質感やボディラインから似合うファッションを導き出す「骨格診断」の理論をもとに、美容部員時代の経験を生かしながら、ひとりひとりのお客様の魅力を引き出すお手伝いをしています。美容部員は、約5年ほどしていました。どこも来店客数の多い店舗だったので、ギュッと濃い経験ばかり。

その接客の中で気づいたのは、「自分の魅力を知っている人は意外と少ない」ということでした。そして「もっとひとりひとりの似合うものを提案したい。魅力を引き出すお手伝いがしたい」と感じて、今のお仕事に取り組んでいます。

「診断を受けると、影響されすぎて選ぶ範囲が狭まっちゃいそう」と思う人もいると思いますが、これらの**診断は、すべて「自分自身を知るためのツール」**。自分の似合うもの・相性のよいものなど、自分の軸を理解するきっかけにすぎません。似合いにくいものをうまく取り入れる方法もわかるので、得することばかりです。

ここでちょっと私の話をしますね。私がこの道に入ったのは、高校〜大学まで続いた恋愛がきっかけです。卒業前に振られてしまい、暗い顔で立ち寄った化粧品カウンター。そこで美容部員さんに

「黄みがかった健康的なお肌なので、こちらがお似合いですよ」

と差し出されたのはシアーな朱赤のリップでした。今まで試したことのない色でしたが、塗ってみると顔がぱっと明るく見えて、気持ちまで前向きになれたんです。メイクの力に感動した私はその後美容部員になり、新たな勉強もして今に至ります。この本には、ありのままの私の長所を見つけてくれたあの日の美容部員さんのように、皆さんの〝きれい〟を見つける方法を詰め込みました。似合う色の選び方、失敗しないコスメの選び方、そして、あなた自身の魅力をさらに引き出すメイクのテクニックも解説。セミナーやスクールでお話ししている診断ポイントや、美容情報を紹介します。

途中途中で、おすすめスキンケアの話、メイクやカラーのお助け情報などもサンドイッチしますので、どうかご了承ください…！

本書を通じて、自分の魅力を改めて理解し、**自分の選択肢を広げ、「似合う×好き」を掛け合わせた唯一無二のあなたらしさに出会うヒント**になればとても嬉しいです。

ぜひ、毎日のメイクやコスメ選びにお役立てください♪

好き×似合うで理想の自分を目指す！

突然ですが、皆さんは「自分」についてどのくらい理解していますか？

「どんな印象をもたれやすいか？」
「どんなものが似合うか？」
「どんな自分になりたいのか？」

私が美容部員として勤務していたころ、たくさんのお客様に出会う中で、ひとりひとりのもつ魅力が異なることを実感しました。

たとえば、万能色といわれているコーラルピンクのチークで、肌が黄ばんで見えてしまう方。青みの赤リップで青ざめてしまう方。

「なぜだろう…？」と、疑問に思い、色に興味をもち始めたのはそのころです。

そして、人によって「似合う」「似合わない」の理論を知りたいと感じ、パーソナルカラーを勉強することになったのです。

美容部員時代は、顔の形や目、鼻、口元などパーツの配置で人に与える印象が異なることを学びました。今回、この２つを組み合わせて皆さんにわかりやすく伝えたい、という思いが叶い、一冊の本にまとめることができました。

まず、「似合う」とはそもそもなにか。

似合う＝その人の魅力を最も美しく引き立てる（調和）ということです。

顔型診断では、
顔の形やパーツの位置などから、
自分の顔の印象を分析します。

パーソナルカラー診断では、
肌・髪・目の色から、最も魅力を引き立てる色を選びます。

この２つをうまく取り入れることができると、メイクもファッションもより自分を生かしたテイストにでき、自分の魅力をアピールしやすくなります。

さらに自分の好きな色やアイテムをどう取り入れるとよいかまでわかるので、理想の自分に近づけるでしょう。

きっと皆さんが最初に驚くのは、「赤が似合う、青が似合わない」という単純なＯＫとＮＧではなく「どんな赤が似合うのか、似合いにくい青はどう取り入れるとよいか」がわかり、幅が広がるということです。

顔型診断も組み合わせると、自分の個性を知って受け入れ、「自分軸」をもてるのではないかと思います。

自分の魅力を知り、生かすことができるようになると、より自信がつきます。また、それだけじゃなく、その先の未来まで明るく照らすことができると思っています。

さあ、あなたも「似合う」と「好き」を組み合わせて、自分を知るきっかけとしてぜひ活用してみましょう！

本書の特徴と使い方

本書は、４つの章に大きく分かれています。顔型・パーツ・カラーの診断を、専門的に行うのは少し難しいので、一部を簡単にしたオリジナルにしてみました。

1　自分の顔型×パーツがどんな印象を与えるかが理解できます。

顔の長さ、パーツが遠心（外側寄り）か、求心（内側寄り）かで印象が変わります。

2　自分に似合う色がわかります。

自分の魅力を引き立てる色を知れば、一瞬で素敵になります。

3　どんなメイクが似合うか、組み合わせがわかります。

コスメ選びと、魅力を高めるメイク方法を解説しています。

4　スキンケアやメイクの基礎知識がわかります。

意外と知らない知識もあるはず。各アイテムを使う理由からおさらいします。

Contents

Chapter 2 パーソナルカラー診断で、自分を美しく見せる色を見つける

Chapter 3

顔型×パーソナルカラー診断で、美人度UP!

Chapter 4

Q&A付き 美容&メイクの基礎知識

Chapter

1

4 type

顔型

×

パーツの配置

で、自分の魅力を知る！

自分の顔型とパーツを知ると、メイクポイントがわかります。ベストバランスを見つけましょう。

1 顔型診断とは？

顔型診断は、自分の顔の形とパーツの配置や大きさを分析して、どんな印象をもたれやすいか・どんな魅力があるのかを理解するための診断です。

「こどもっぽく見える」「大人っぽく見える」など、顔の印象を決めるポイントはいくつかあります。

「若そうだな・可愛いな」と感じる方は、顔のどこかにこどもっぽさを感じる部分があり、「落ち着いているな・美人だな」と感じる方は大人っぽさを感じる部分があります。

ちなみに、面長のほうが大人っぽく見られるのは、人間は赤ちゃんから大人になるにつれて顔が長くなっていくから。顔の下半分が咀嚼機能の発達によってしっかりとするからなのです。

また、その他にも「口幅が大きくなる」「顔が立体的になる」なども、大人っぽさを感じる要素です。

顔型診断でわかることは、自分の顔にどんな特徴があるのか、メイクのバランスのとり方などです。今まで「なんとなく」でとらえていた自分の顔をきちんと把握することができるので、自分の魅力を生かしながらより美しくなることができます。

顔の印象を左右する要素

顔の印象を左右するポイントは、大きく2つあり、それは顔の長さとパーツのバランスです。

顔が縦に長いと大人の要素が強くなり、横に長いとこどもの要素が強くなります。

パーツに関しても同じく、顔のどの位置にあるかによって、人からの印象は大きく変わります。

お正月に遊ぶ福笑いをイメージするとわかりやすいかと思うのですが、同じパーツを持っていても位置が変わるだけで印象は大きく変わってしまうのです。

もちろん、この他にもパーツの形（丸みがあるか角ばっているか）や大きさ（顔の面積に対して大きいか小さいか）など、顔の印象を分析するポイントはいくつかありますので、こちらに関しても要所要所でお伝えしますね。

2 自分の顔型とパーツを知ると メイクがもっと楽しくなる！

自分の顔型とパーツの位置を知ると、自分ならではの魅力を引き出すメイクが楽しめるようになります。

遠心顔の方は求心に寄せることで顔の黄金比に近づいて美人度が上がりますし、遠心的な顔を生かしてよりキュートなメイクにすることも可能です。

自分の魅力を生かしながら、なりたい印象によってメイクを変えれば、毎日洋服を着替えるようにさまざまなメイクのバリエーションを楽しむことができます。

また、自分の魅力が引き立つメイクバランスのとり方がわかるのも、顔型診断の魅力。たとえば、顔が横長で遠心寄りの方は、全体的に幼く見られる要素が多いので、メイクもかっちりしすぎないナチュラル感のある仕上がりのほうが調和します。

一方、面長で求心寄りの方は、大人要素のほうが強いのでメイクもきちんと感のある仕上がりにすることで自分の魅力を生かすことができます。

このように、自分の顔型とパーツを理解すると、ベースの仕上げ方・目元・チーク・リップのベストバランスがわかります。

第3章では、顔型とパーツを組み合わせた診断結果と、第2章で紹介するパーソナルカラーを組み合わせた美人メソッドを紹介。メイクの色の出し方やバランスもあわせてお伝えしますね。

「いつものメイクがマンネリ化してしまっている」、「どうやってメイクをしたらいいのかわからない」「自分の顔のメイクポイントがわからない」という皆さん、ぜひ自分の顔を分析してください。基本のメイクと魅力を生かすメイクを知れば、一番きれいに見えるバランスがきっとわかるはずです。

3 顔型診断セルフチェック！

ここからは顔型診断のセルフチェックを行います。

★診断は、ノーメイクの状態で行ってください。

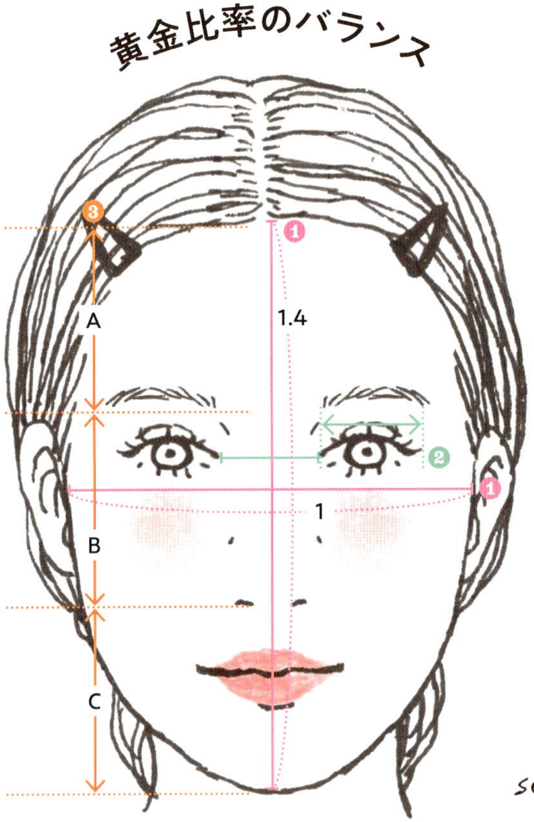

黄金比率のバランス
3
1
A
1.4
2
1
1
B
C

self check!

❶顔の横幅（目の下の頬のもっとも張っている部分）と縦幅（額からあご下）の比率が1：1.4がバランスのよい比率。縦の長さがこれより短いと **横長**、長いと **縦長** となります。

❷目と目の間はちょうど目の幅1つ分がベスト。目の幅より間が狭いと **求心**、目の幅より広いと **遠心** となります。

❸A額の生え際から眉頭の下・B眉頭の下から鼻下・C鼻下からあご先のバランスが1：1：1がgood。Aが長いと **横長**、BやCが長いと **縦長** です。

★**写真を撮って測るとわかりやすいです。**

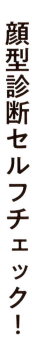

顔型診断 Check リスト

横長 or 縦長 チェック！

Q1 顔の形は？

丸顔 or 横幅が目立つベース顔▷ 横長 タイプ

面長 or 縦幅が目立つベース顔▷ 縦長 タイプ

Q2 顔のバランスは？

額が広め or 顔のパーツが下重心
▷ 横長 タイプ

頬が長い or あごが長い or 顔のパーツが上重心
▷ 縦長 タイプ

★迷った場合や黄金比に近い人は、悩んでいるところやこうなりたいと思うもので選んでもOKです。
- 丸顔が悩み→「横長」タイプをチェック
- 面長が悩み→「縦長」タイプをチェック
- 離れ目が悩み→「遠心」タイプをチェック
- 派手顔が悩み→「求心」タイプをチェック

次のページで 遠心 or 求心 をチェック!

顔型診断 Check リスト

遠心 or 求心 チェック！

Q1 目と目の間は目の幅１つ分以上離れているか

離れている ▷ 遠心　　離れていない ▷ 求心

Q2 鼻の印象は？

鼻は低めで鼻根も低い（鼻筋をあまり感じない） ▷ 遠心

鼻は高めで鼻根も高い（鼻筋がしっかりとある） ▷ 求心

Q3 目の大きさは？

小さめ（目の印象がそこまで強くない） ▷ 遠心

大きめ（目の印象が顔のパーツの中でも強い） ▷ 求心

Q4 頬やフェイスラインは？

全体的に丸みがある ▷ 遠心

頬やフェイスラインに骨を感じる部分をもつ ▷ 求心
（丸みをあまり感じない）

Q5 眉はしっかりと生えているか

比較的薄めでふんわり ▷ 遠心

比較的濃いめでしっかり ▷ 求心

★ 最も多くチェックのついたところがあなたのパーツ印象です。
★ 同点の場合やチェックで差がない場合は、
最も印象を強く引っ張る部分でチェックしてみてくださいね。

4 顔型×パーツ診断結果

自分のタイプがわかったら、各ページに飛んでさらに詳しく見てみましょう。

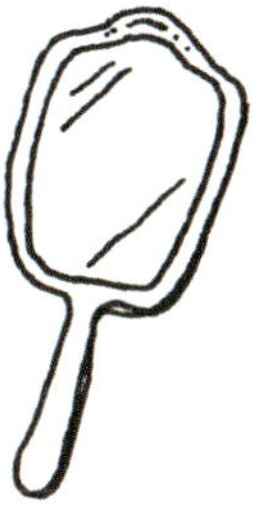

横長

[type]
B

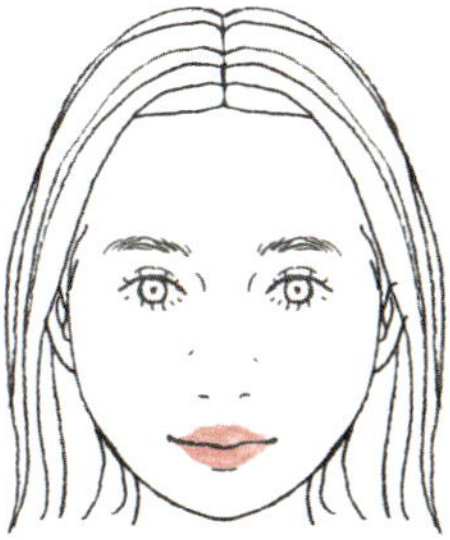

横長×求心タイプ

明るく活発な印象を
もたれるこどもタイプ

▶P.24/68 へ

[type]
A

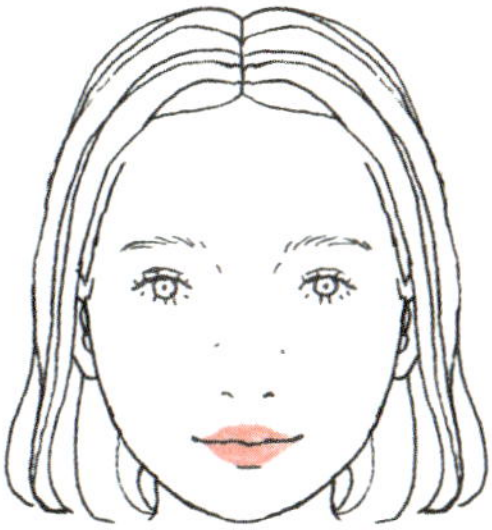

横長×遠心タイプ

いつまでも若く可愛い印象を
もたれるこどもタイプ

▶P.22/50 へ

求心

遠心

[type]
D

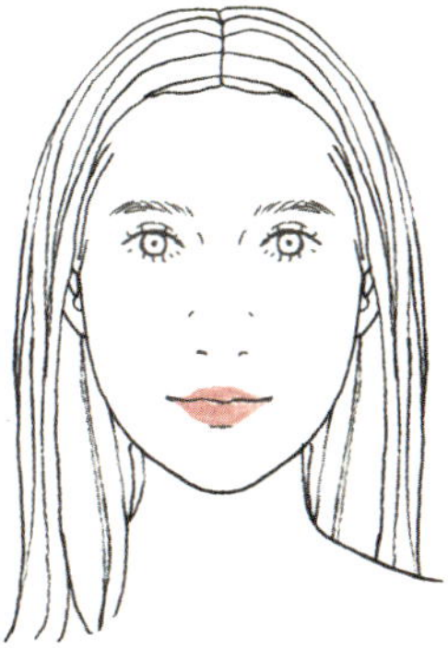

縦長×求心タイプ

クールで美人な印象の
強い大人タイプ

▶P.28/104 へ

[type]
C

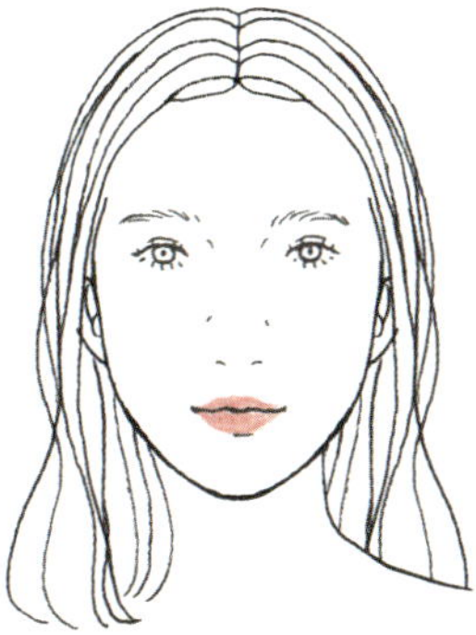

縦長×遠心タイプ

穏やかで上品な印象の強い
大人タイプ

▶P.26/86 へ

縦長

[type]

A 横長 × 遠心 タイプ

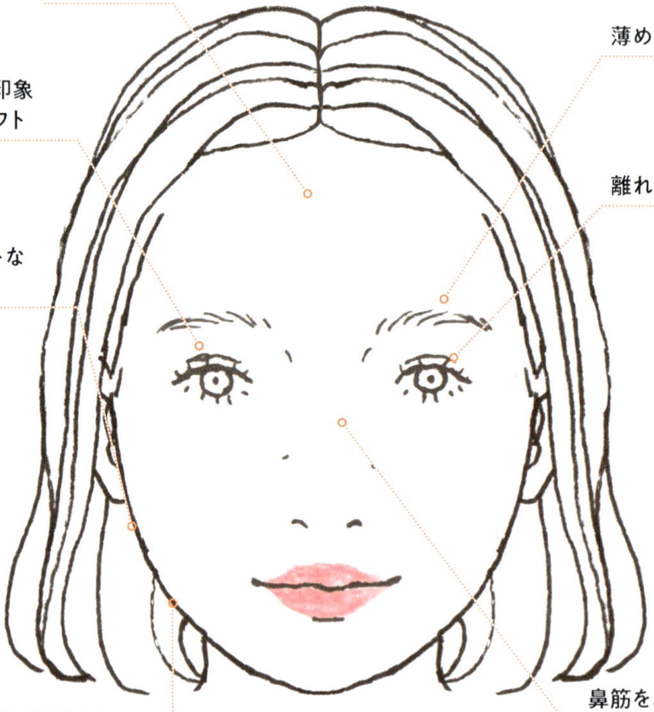

広い額
薄めの眉
目の印象がソフト
離れ目
ソフトな輪郭
丸顔で横幅が目立つ
鼻筋をあまり感じない

いつまでも若く見られる こどもタイプ

特徴

顔の縦幅よりも横幅が目立つ＆顔のパーツが遠心（外側）寄りのタイプ。
ソフトな雰囲気となり、４つのタイプの中では、一番こどもの要素が強い顔立ちです。

印象

いつまでも若く見られやすいタイプ。可愛い・あどけない・明るいなど。これを、離れ目がち、鼻が低め、のっぺりと平面的な顔に見える、などの悩みに感じる人もいるようです。

メイクポイント

明るい色・シアーな仕上がりと相性がよく、ナチュラルなメイクがしっくりきます。
メイクのバランスも、顔の上半分に重心を置くメイクが似合います。

美人度ＵＰを目指すなら

やわらかい印象を生かしながらも、幼く見られすぎないようにする、横幅カバー＆光と色でメリハリを。バランスのよい、年相応の美人顔になります。

[type]

B 横長 × 求心 タイプ

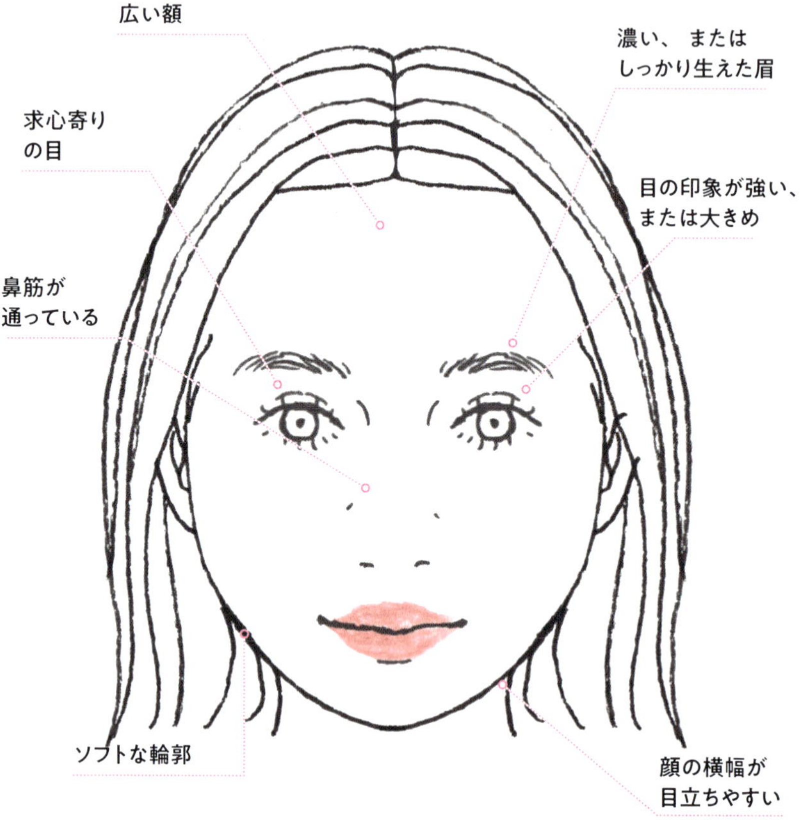
広い額
濃い、または
しっかり生えた眉
求心寄り
の目
目の印象が強い、
または大きめ
鼻筋が
通っている
ソフトな輪郭
顔の横幅が
目立ちやすい

明るさと強さをもつ
こどもタイプ

特徴

顔の横幅が目立つ＆顔のパーツがはっきりとした求心（内側）寄りのタイプ。
こどもの要素と大人の要素が混ざっている顔立ちです。

印象

若々しい・きりっとしている・活発・行動的・強気など。この印象から、勝気に見える、キツく見られがち、というようなことを悩みに感じている人もいます。

メイクポイント

明るい色・シアーな仕上がりと相性がよく、ナチュラルなメイクがしっくりきます。メイクのバランスは、アイシャドウ・チーク・リップのどこか1つをはっきりと華やかに仕上げるのがおすすめです。
メイクによって大人っぽくもこどもっぽくも見せやすいお得なタイプ。

美人度UPを目指すなら

こどものような可愛らしさを大切にしながら、顔の中央に抜け感を出して、やわらかさをプラスするメイクがおすすめ。まろやかな印象を目指します。

[type]

C 縦長 × 遠心 タイプ

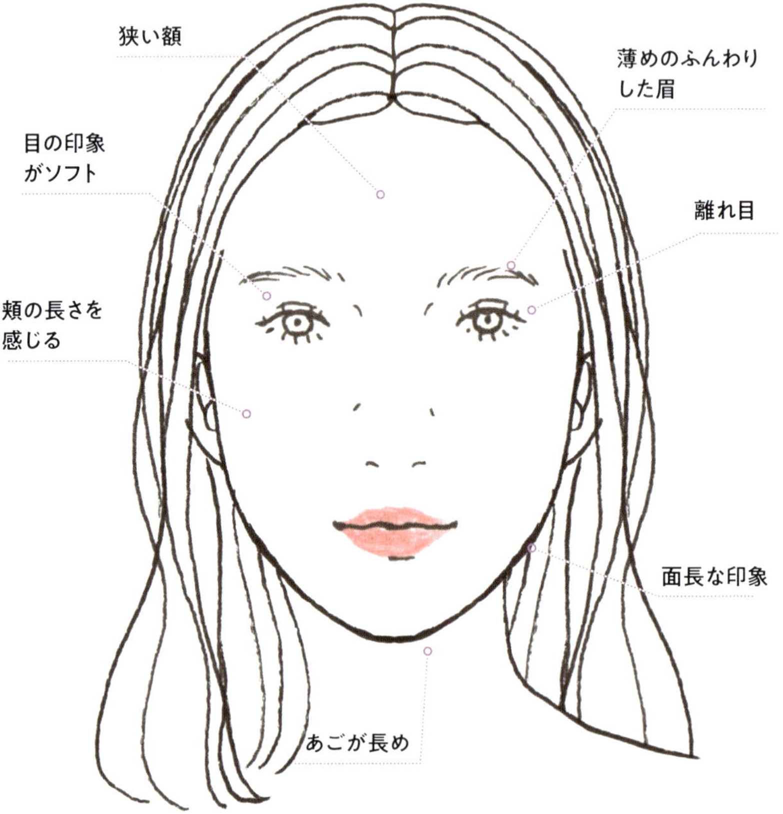
狭い額
薄めのふんわりした眉
目の印象がソフト
離れ目
頬の長さを感じる
面長な印象
あごが長め

穏やかで上品な印象の強い 大人タイプ

特徴

顔の縦幅が目立つ＆顔のパーツがソフトで遠心（外側）寄りのタイプ。こどものような幼い印象をあわせもつ大人顔です。

印象

女性らしく穏やか・上品でやわらか・落ち着いているなど。これらを、地味で目立たない印象になりがち、上品な服やメイクしか合わない、と悩む人もいるようです。

メイクポイント

濃い色と相性がよく、マットな質感もパーリッシュな質感も得意なタイプ。しっかりメイクがハマりやすいです。メイクのバランスもリップの色を目立たせるというように下重心に仕上げるのがおすすめ。

美人度UPを目指すなら

メイク映えするタイプなので、メリハリのあるメイクをすれば、キリッとした華やか美人に。こどもっぽい要素も生かした、大人可愛い印象にもチェンジできます。

[type]

D 縦長 × 求心 タイプ

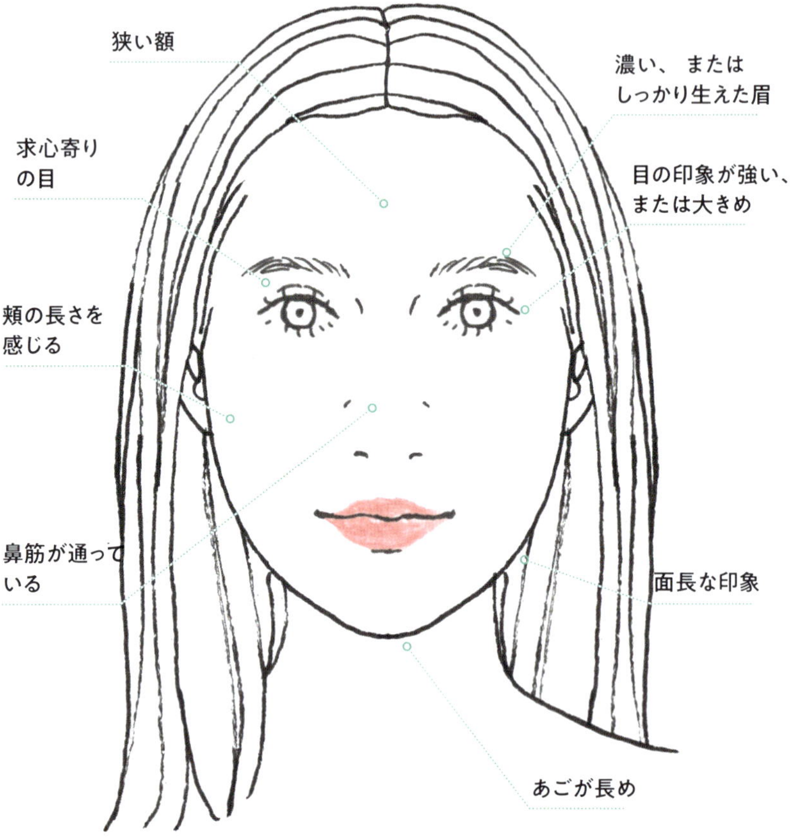
狭い額
濃い、または
しっかり生えた眉
求心寄り
の目
目の印象が強い、
または大きめ
頬の長さを
感じる
鼻筋が通って
いる
面長な印象
あごが長め

クールで美人な印象の強い大人タイプ

特徴

顔の縦幅が目立つ＆顔のパーツがはっきりとした、求心（内側）寄りのタイプ。
4つの中で一番大人の要素が強い顔立ちです。

印象

クール・美人・しっかりしていそう・知的など。この印象をマイナスにとらえて、近寄りがたいと思われそう、目力を弱めたい、と感じている人も。

メイクポイント

濃い色と相性がよく、マットな質感もパーリッシュな質感も得意なタイプ。しっかりメイクがハマりやすいです。
メイクのバランスも下重心（リップをはっきりとのせる）がおすすめです。
どこか1つに重心を置くメイクで抜け感が出ます。

美人度UPを目指すなら

派手に見えがちなタイプですが、目元をやわらかく見せるメイクをすればOK。抜け感が出て優しい印象になります。

あやんぬの＋αビューティー

顔型といえば、これも気になる…

小顔になる方法、教えます！

顔型の話をしていると、よく「小顔になりたい」という話になります。誰でも一度は思ったことがありますよね。だからといって、毎日小顔サロンへ行ったり、プロの手を借りたりするのは難しい…!!!　そこで、ここでは私が実践していることをご紹介します。

❶ よく話して、よく笑って、よく噛むこと

小顔の敵、むくみの主な原因は「血行不良」といわれています。〝よく話して、よく笑って、よく噛むこと〟は、小顔に大切な筋肉（口輪筋や咬筋）を鍛え、めぐりも改善しやすいので小顔効果が期待できるんです！

❷ 朝イチにコップ１杯の水を飲む。

体が水分不足だと代謝が低下してむくみやすくなるといわれているので、朝起きたら睡眠中の汗による水分不足を解消して。胃と腸が副交感神経（リラックスさせる神経）の影響を受けているので、１杯の水が自律神経を整えることも！　血流がよくなり全身のむくみ改善につながるはず。

❸ できるだけ毎日湯船につかる

38～39度くらいのお湯に15分ほどつかると血のめぐりがよくなり、むくみ改善に効果的。冷えやすい人もポカポカが続き、睡眠の質も上がるのでおすすめです！　お風呂の前にはコップ一杯の水を飲み、入浴中に汗で失われる水分を先に補給してくださいね。

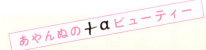

Chapter

2

4 color

パーソナルカラー診断

で、自分を美しく見せる色を見つける

ここからは、肌、髪、目の色から自分に
もっとも似合う色を導き出していきます。

1 パーソナルカラー診断とは？

パーソナルカラーとは

パーソナルカラーとは、ひとりひとりがもつ肌・髪・目の色の特徴に調和して、魅力を引き立てる色のことを指します。

そして、ひとりひとりの肌や髪・目の色から、似合う（調和する）色を導き出す診断がパーソナルカラー診断です。

パーソナルカラーの分類法は現在さまざまなものが存在しますが、**「春・夏・秋・冬」の四季のイメージになぞらえた「4シーズン」（フォーシーズン）という分類法**がよく知られています。

パーソナルカラー診断では、まず、**すべての色を黄み（イエローベース）と青み（ブルーベース）に分けます。さらに、色の明るさを示す明度、色の強さを示す彩度、澄んでいるか濁っているかを示す清濁**それぞれの属性を見極めて、その人のパーソナルカラーを見つけます。

1 アンダートーン（イエローベース or ブルーベース）

2 明度（色の明るさ）

3 彩度（色の強さ）

4 清濁（澄んでいるか濁っているか）

これらは、自分の似合う色を見つけるための大切なポイントです♪

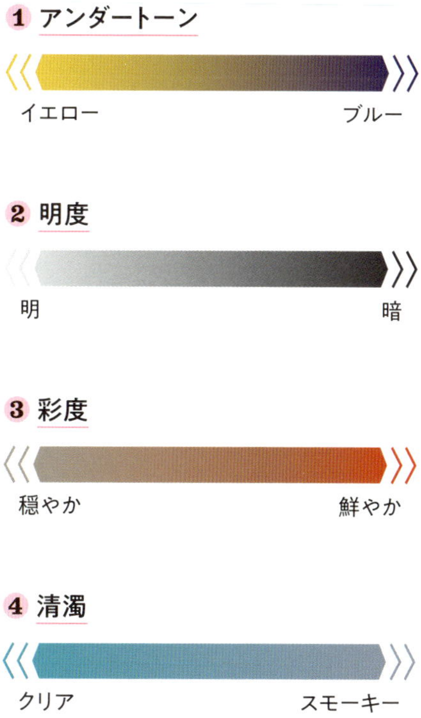

2 パーソナルカラーを知ると コスメや洋服選びがもっと楽しくなる！

自分のパーソナルカラーを知り、メイクやファッションで取り入れるとさまざまな嬉しいことがあります。

- 明るく洗練された印象になる
- 肌がきれいに見える
- オシャレに見える
- 実年齢より若く見える
- ショッピングがしやすくなる
- 自分に自信がもてる

などワクワクする要素ばかりですね。

しかし、パーソナルカラー診断の魅力はそれだけではありません！

相性のよい色をメイクやファッションに積極的に取り入れて味方につけることはもちろん、自分にとって苦手な色をどのように取り入れればよいか、わかってきます。

自分のパーソナルカラーを知り、「似合う」と「好き」を掛け算して、自分らしい魅力を引き出していきましょう！

3 パーソナルカラーをセルフチェック!

P.36のチェック項目から自分のタイプを見つけ出しましょう。巻末のカラーシートもあてながら、チェックしてみてください。

(これは、簡単に傾向をつかむ診断です。どうしても主観が入るので、自分のパーソナルカラーを厳密に知りたい方は、専門家に診断してもらうことをおすすめします)

★診断するうえでのポイント

1 自然光か昼白色の下で行う 日中の自然光が入る明るい場所で行いましょう。人工照明の場合は、色に癖のない昼白色の下で行うことをおすすめします。

2 ノーメイクで行う 素肌の色を見ながら、シミやくすみの状態がわかるようにするため、できるだけノーメイクの状態で行いましょう。

3 白い服装で 服の色が診断に影響しないよう、白いTシャツやブラウスなどを着ます。イヤリングやネックレスなども、色映りに影響するので外しましょう。

4 大きめの鏡の前で 巻末のカラーシートをあてる際は、小さい鏡(手鏡)ではなく、座って顔全体か上半身まで入る鏡の前でチェックしてください。

パーソナルカラーCheckリスト

パーソナルカラーセルフチェック

Q1 肌の色は?

1 ほんのりとしたベージュ系。ツヤがある
2 ピンクベージュ系。ふんわりしたマット肌
3 黄みを感じるベージュ系。マット肌
4 ピンクベージュ、ピンクオークル系。ツヤがある

Q2 瞳の色は?

1 明るいブラウン。白目と黒目の境目がはっきりしていてクリア
2 ソフトブラック～レッドブラウン。白目と黒目の境目がソフトで優しい
3 ダークブラウン～ブラック。黒目と白目の境目はソフトで白目がやや黄みがかっている
4 ダークブラウン～濃いブラック。白目と黒目の境目がはっきりしていてクリア

Q3 髪の色は?

1 ミディアムブラウン
2 ソフトブラック、またはレッドブラウン
3 ダークブラウン～ブラック
4 ブラック

Q4 頬の色は?

1 血色のあるコーラル系
2 ローズ系
3 オレンジ系、または血色をあまり感じない
4 ローズ系、または血色をあまり感じない

Q5 唇の色は?

1 コーラル系　2 ローズピンク系　3 オレンジ系　4 ローズ、または赤紫系

Q6 肌に馴染むリップ&チークは?

1 コーラルピンク　2 ローズピンク　3 サーモンピンク　4 真紅

Answer

1 が多かった方… Spring スプリングタイプ
2 が多かった方… Summer サマータイプ
3 が多かった方… Autumn オータムタイプ
4 が多かった方… Winter ウィンタータイプ

もっと簡単に!

巻末のカラーシートでセルフチェック

こちらは巻末にある付属のカラーシート（４色）を顔の真下（真横）にあて、鏡を見ながら診断する簡単な方法です。どのカラーでもっとも肌がきれいに見えるかをチェックしましょう。

Q1 イエローベース・ブルーベースチェック

A スプリング&オータムカラーをあてると血色感が出て肌がきれいに見える。 ≫ **イエローベース** スプリング&オータムカラーと相性◎

NG 肌が黄ばむ・くまやくすみなどの色むらが目立つ

B サマー&ウィンターカラーをあてると透明感が出て肌がきれいに見える。 ≫ **ブルーベース** サマー&ウィンターカラーと相性◎

NG 肌が白くぼんやりとする・青ざめて見える

Q2 一番似合うカラータイプをチェック

２色のうち、どちらがより似合うかを見ます。

イエローベース（スプリング&オータム）

- オータムをあてると、顔全体が暗くなり、嫌な影（クマやほうれい線）ができて老けて見えてしまう ≫ スプリングタイプ
- スプリングをあてると、顔がのっぺりと平面的でぼんやりと物足りなさを感じる ≫ オータムタイプ

ブルーベース（サマー&ウィンター）

- ウィンターをあてると、顔が色に負け、青白く不健康そうに見える ≫ サマータイプ
- サマーをあてると、顔がぼんやりとして何か物足りなさを感じる ≫ ウィンタータイプ

自分のパーソナルカラーはわかりましたか？
次のページからは、この診断結果をさらに深めて分析、説明していきます！

詳細は次のページでチェック!

4 パーソナルカラー診断結果

結果を一覧にしたのがこちら。ここからは、各季節の印象を深掘りして説明します。

明るい
Spring
スプリング
P.40へ
Summer
サマー
P.42へ
イエローベース
ブルーベース
Autumn
オータム
P.44へ
Winter
ウィンター
P.46へ
濃い
（暗い）

スプリングタイプ

みずみずしさのあるツヤ肌。
クリアなコーラルピンクやコーラルレッド系のカラーを使うと血色感が出る。
肌や髪・目が比較的明るく、ほんのり黄みがかっている。

サマータイプ

すりガラスのようなふわりとしたマシュマロ肌（マット）。
やわらかなローズピンク系のカラーを使うと透明感が出る。
肌や髪・目が比較的明るく、目はソフトな黒、または赤茶色で白目と黒目のコントラストがソフト。

オータムタイプ

さらりとした絹のような肌（マット）。
濃くてはっきりとしたカラーを使うと顔に立体感が出て引き締まる。
肌や髪・目が茶や黒で、比較的濃い色。白目は黄みがかっている。
黄みの強いテラコッタやオレンジが似合い、大粒のラメを使うと華やかに仕上がる。

ウィンタータイプ

透明感のあるツヤ肌。
はっきりとした濃い赤や青、鮮やかな色が似合う。
肌や髪・目が茶や黒で、比較的濃い色。白目と黒目のコントラストもはっきりとしている。

スプリングタイプ

Spring

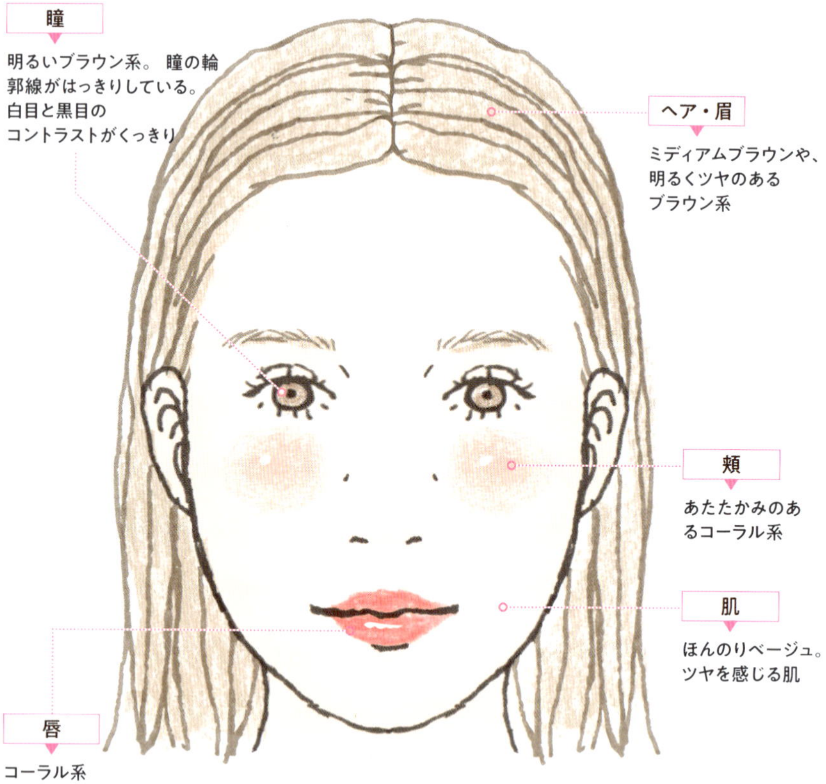
瞳
明るいブラウン系。瞳の輪郭線がはっきりしている。白目と黒目のコントラストがくっきり
ヘア・眉
ミディアムブラウンや、明るくツヤのあるブラウン系
頬
あたたかみのあるコーラル系
肌
ほんのりベージュ。ツヤを感じる肌
唇
コーラル系

春の陽気をイメージさせる キラキラカラーが似合う

明るくキラキラとしたカラーがよく似合うのがスプリングタイプ。若々しくはつらつとした印象の方が多いです。ベースメイクは、明るくクリアでツヤめく肌に仕上がるものがおすすめです。

あたたかな春の日差しやお花畑、いきいきとした新緑などをイメージさせる、黄みがかった、くすみのない明るい肌をもつスプリングタイプ。若々しく明るい印象をもたれやすいです。明るく軽やかで透明感のある色、あたたかみのある色が似合います。

キーワード

血色感・キラキラ

似合う色

明るい色・鮮やかな色・クリアな色・ビタミンカラー。
キラキラとした輝き。ツヤ。

▽**いきいきと血色がよく見えて、顔色が明るくなり、ハリツヤがある肌に見えます。**

工夫が必要な色

濁りの強い色・濃い色（暗い色）。青みの強い色。

▽**顔が不自然に黄ばみ、皮膚が厚く見えたり、顔の影が目立ちやすくなります。**

サマータイプ

Summer

瞳
ソフトブラックまたは赤茶系。白目と黒目のコントラストがやわらかい
ヘア・眉
強すぎないソフトブラック、または赤茶系
頬
ほんのりとしたローズ系
肌
明るく黄みの少ないベージュ、ピンクベージュ系
唇
やや青みを感じるくすみがかったローズピンク系

涼やかな印象で明るさのある 穏やか＆上品なカラーを選んで

サマータイプは涼しげで穏やか、かつエレガントなカラーがベストマッチ。ベースメイクは、ふんわりとしたマシュマロ肌に仕上がるものをもってきましょう。優しい印象を醸し出してくれます。

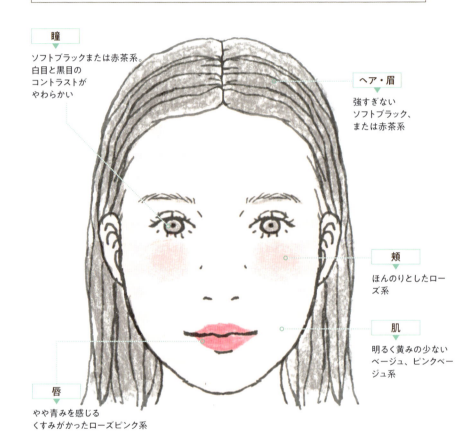

初夏や梅雨の空や、アジサイやラベンダーなどをイメージさせる、青みがかった明るくマシュマロのようなふわりとした肌をもつサマータイプ。優しく上品で穏やかな印象をもたれやすいです。やわらかで落ち着きのある、グレイッシュな青みの色が似合います。

キーワード

透明感・上品

似合う色

明るい色・涼しげな色・やわらかな色・スモーキーな色。
落ち着きのある色。

▽肌が明るく透明感が出ます。

工夫が必要な色

鮮やかな色・黄みの強い色・濃い色（暗い色）。

▽色が強く目立ってしまう、肌全体がくすみ、赤みやシミなどの色むらが目立ちやすくなります。

オータム タイプ

Autumn

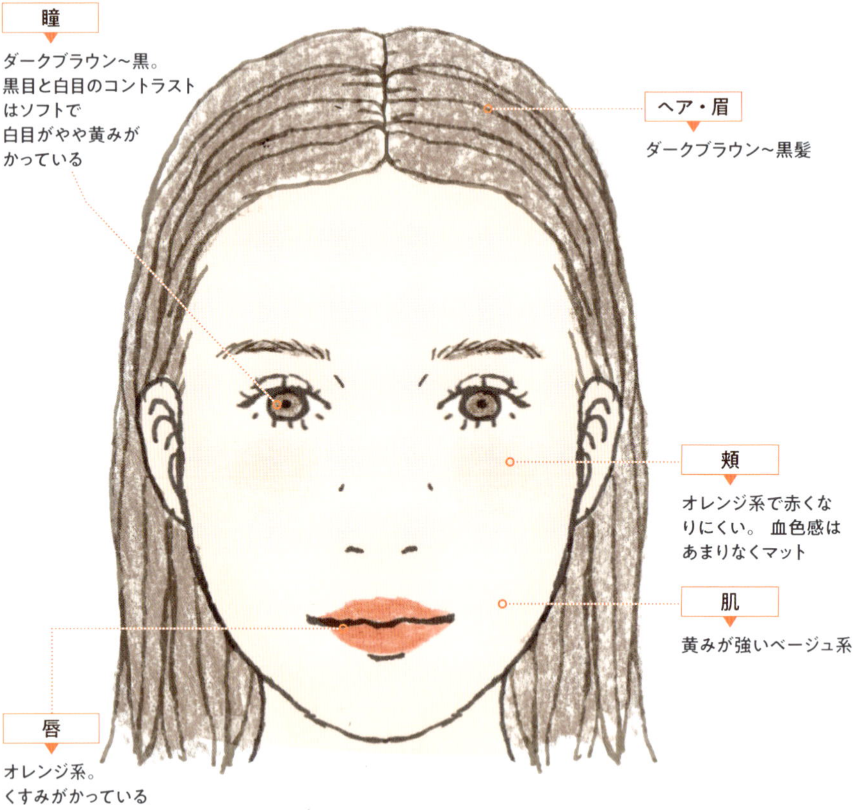
瞳
ダークブラウン～黒。
黒目と白目のコントラスト
はソフトで
白目がやや黄みが
かっている
ヘア・眉
ダークブラウン～黒髪
頬
オレンジ系で赤くな
りにくい。 血色感は
あまりなくマット
肌
黄みが強いベージュ系
唇
オレンジ系。
くすみがかっている

秋の紅葉やアースカラーを イメージした大人っぽいカラーで

深みのある色や濃く落ち着きのあるアースカラーなど、大人っぽい色が得意なタイプ。ベースメイクは、黄みがかったベージュ、オークル系を使ってしっとりとしたマットな肌を意識しましょう。

熟したトマトやカボチャ、深みのある紅葉やアースカラーなどをイメージさせるマットな肌をもつオータムタイプ。落ち着きがあり、大人っぽくシックな印象をもたれやすいです。こっくりした深い色、濃い色（暗い色）、シックでグレイッシュな色が似合います。

キーワード

大人・シック（ナチュラル）

似合う色

深みがあり、あたたかみのある色・濁りのある色・落ち着いた色。

▽**華やかでリッチに見え、メリハリのある立体感のある顔になります。**

工夫が必要な色

薄い色・青みがかった色。

▽**顔がぼんやりと見えたり、肌全体がくすみ、色むらが目立ちやすくなります。**

ウィンター タイプ

Winter

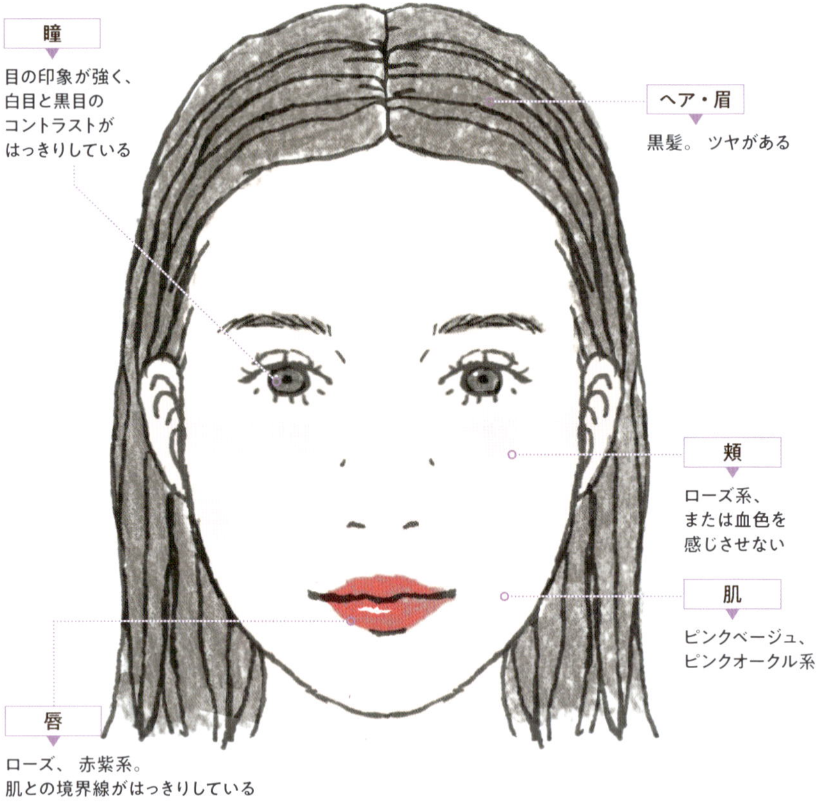

瞳
目の印象が強く、
白目と黒目の
コントラストが
はっきりしている
ヘア・眉
黒髪。 ツヤがある
頬
ローズ系、
または血色を
感じさせない
肌
ピンクベージュ、
ピンクオークル系
唇
ローズ、 赤紫系。
肌との境界線がはっきりしている

涼しげ×鮮やかカラーで メリハリ感をUP！

ウィンタータイプは濃くはっきりとした鮮やかで澄んだカラーが似合います。ベースメイクは、ピンクオークル系など、濁りのないツヤめく肌に仕上がるものを取り入れましょう。

夜空に輝く星空、クリスマスの赤や緑など、メリハリのある鮮やかな色をイメージさせる、凛とした顔立ちとツヤ肌をもつウィンタータイプ。華やかでクールな印象をもたれやすいです。

クリアな色、濃い色（暗い色）、青みがかった色が似合います。

キーワード

メリハリ・モード

似合う色

鮮やかな色・クリアな色・青みの強い色。

▽**肌に透明感が出て、輪郭が引き締まりつややかに見えます。**

工夫が必要な色

マットな色・黄みの強い色・薄い色。

▽**肌に厚みが出たり、黄色くくすみ、顔色が悪く見えます。**

あやんぬの＋αビューティー

苦手カラーを使うなら
顔から離す＆似合う傾向に寄せる

自分のパーソナルカラーを知ると、似合う色と同時にわかるのが「苦手な色」。でも、苦手な色だって上手に楽しみたいですよね。ここでは、苦手色を取り入れるコツを伝授します！

❶ ファッションに苦手色を取り入れるコツ → 顔から離す

肌や瞳、髪色の影響を受けやすい顔から離すと、違和感なくまとまります。基本はボトムスや靴、バッグなどで取り入れ、トップスなら深めのＶネックかＵネックにして顔から離したり、顔との間に似合う色のストールやマフラーなどを挟むと◎。

❷ メイクに苦手色を取り入れるコツ → 似合う色のテイストに寄せる

塗る面積の広いベースメイクとチークは、首から浮いて見えやすく苦手色は難しいのですが、ポイントメイクなら大丈夫。たとえば、スプリングタイプの人が、苦手色の〝青みピンク〟のリップを使いたい場合。もともと「黄みがある」「明るい」「鮮やか」「ツヤがある」といった色が似合うので、ゴールドパールが含まれた（黄みがある）、明るい、ツヤがあるもの等を選ぶと◎。また、アイメイクなら、苦手色をアクセントカラーに使うとオシャレです！　たとえば、オータムタイプの人が苦手色のネイビー系を使いたい場合。もともと似合う「柔らかなベージュ系」をアイホール全体にのせ、アイラインとしてネイビー系を使えばアクセントになって際立ちますよ♪

また、自分に似合う色の中に、苦手なカラーをサンドイッチすればチグハグにならないのでやってみてください。

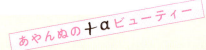

Chapter

3

4 type × 4 color

顔型

×

パーソナルカラー診断

で、美人度UP！

顔型とパーソナルカラーを組み合わせた
診断結果から、ベストメイクをご紹介します。

[type] A **横長** × **遠心** タイプ

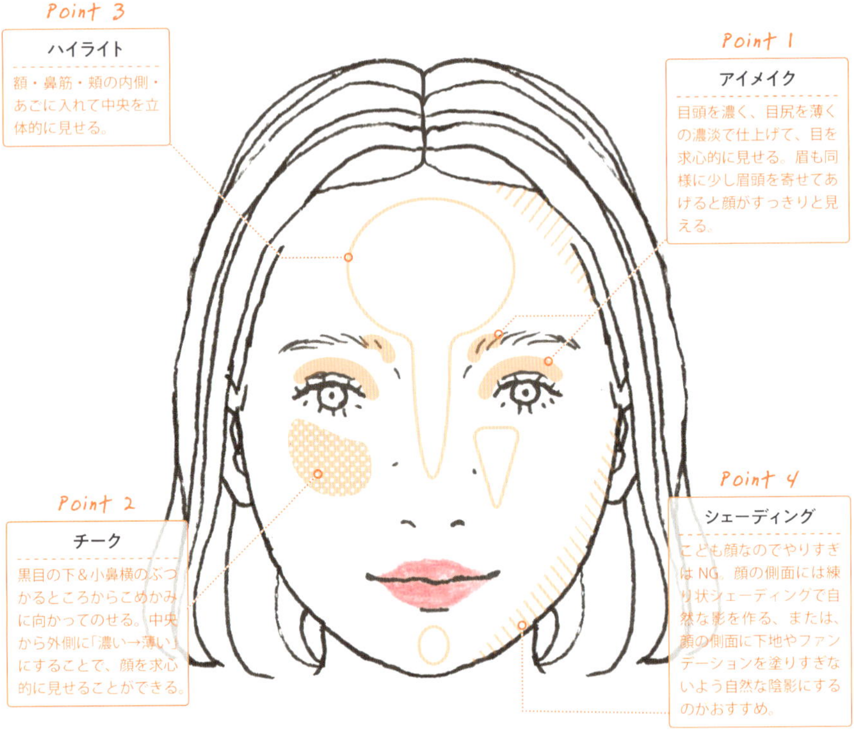
Point 3
ハイライト
額・鼻筋・頬の内側・あごに入れて中央を立体的に見せる。
Point 1
アイメイク
目頭を濃く、目尻を薄くの濃淡で仕上げて、目を求心的に見せる。眉も同様に少し眉頭を寄せてあげると顔がすっきりと見える。
Point 2
チーク
黒目の下&小鼻横のぶつかるところからこめかみに向かってのせる。中央から外側に「濃い→薄い」にすることで、顔を求心的に見せることができる。
Point 4
シェーディング
こども顔なのでやりすぎは NG。顔の側面には練り状シェーディングで自然な影を作る、または、顔の側面に下地やファンデーションを塗りすぎないよう自然な陰影にするのかおすすめ。

横幅をカバーしながらパーツを寄せるメイクに!

年齢よりも若く見られやすい横長×遠心タイプ。顔の横幅をカバーしながらパーツを求心に寄せるメイクに。若々しくソフトな雰囲気を生かすために、ベースメイクは、みずみずしくナチュラルに仕上がるものがおすすめ。求心的な印象になるよう、アイメイクは目頭を濃く。ハイライトで顔の中央にツヤと立体感を出しましょう。シェーディングは、極力ナチュラルに。肌と自然に馴染むものを使い、不自然にならないように意識して。

横長×遠心タイプ

美人度upのコツ

❶

大人っぽく見せたいなら

縦幅を長く見せるメイクをすると顔が引き締まって見え、すっきりとした印象に。アイラインを少し跳ね上げる、チークを縦長に入れる、リップラインも口角が上がったように仕上げることで顔の縦ラインが強調され、大人っぽく見せることができます。

❷

目を大きく見せたいなら

濃い色をまぶたの際に入れましょう。濃い色は、立体感や陰影を与えてくれる効果があります。さらに、ビューラーでしっかりとまつげを上げたり、マスカラを上下に塗ったり、目元の縦幅と横幅も出すのがポイントです。

❸

エラ張りが気になるなら

エラ張りが気になる方は、目尻と口角を結んだ線から外側にはチークをのせすぎないようにするのがポイント。人の視線を顔の内側に誘導することで、エラが目立たなくなります。立体感が出るので小顔効果もあり、顔全体のバランスがよくなりますよ。

横長 × 遠心

[type]
A Spring スプリングタイプ

明るくキラキラの、 鮮やかな黄みカラーがマッチ

可愛く明るい印象を与えるのが、横長×遠心×スプリングタイプの方。明るくキラキラとしたあたたかなカラーがぴったりです♪

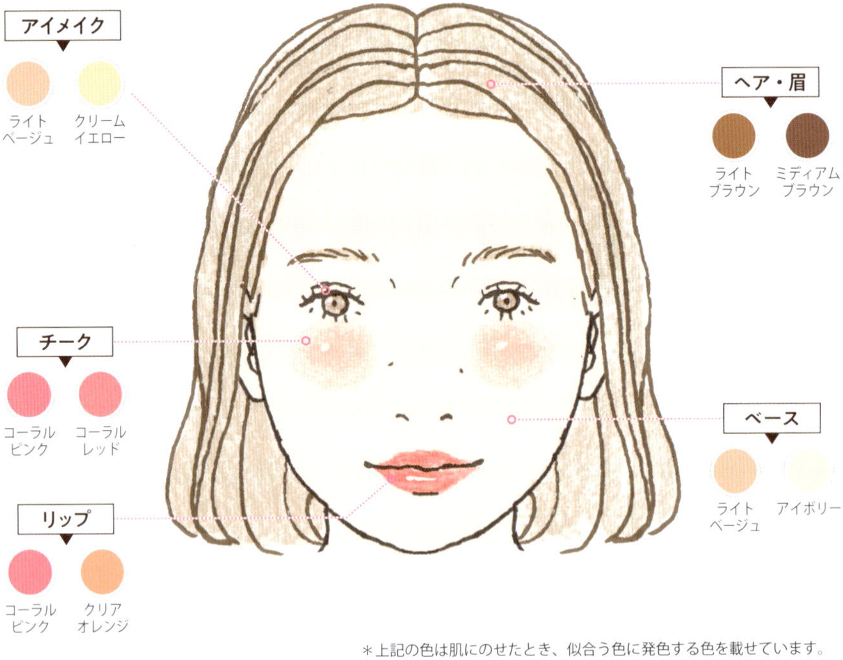

＊上記の色は肌にのせたとき、似合う色に発色する色を載せています。
そのためこの下の「Color Palette ／似合う色」と違う場合があります。

Color Palette ／ 似合う色

アイボリー　ライトベージュ　サンド　キャメル　ライトブラウン　ミディアムブラウン　シャンパンゴールド　クリアネイビー　ターコイズブルー　バイオレット

スカーレット　コーラルレッド　シェルピンク　コーラルピンク　クリアオレンジ　オレンジ　クリームイエロー　カナリー　ブライトグリーン　エメラルドグリーン

Best Makeup Technique

ベースはナチュラル見せ 血色感あふれるツヤ肌メイクに！

アイメイク

肌馴染みのよい、ツヤめくベージュ系やイエロー系が◎。さらに目頭側に濃い色をのせると、求心顔に近づきバランスよし。アイラインも目頭まで入れて。色はブラウン系が馴染みます。マスカラもブラウン系がおすすめ。

ベースメイク

クリアでツヤの出る、ナチュラルな仕上がりのベージュ系をセレクト。ハイライトはゴールドパール系が◎。こども顔なので、シェーディングの入れすぎは△。肌よりもワントーン暗いベージュ系をさりげなく入れましょう。

リップ

リップも透け感があって、クリアなコーラルピンク系やクリアオレンジ系など、明るく黄みがかったカラーがおすすめです。血色感のある唇になります。リップにツヤをたっぷりのせて若々しい魅力を際立てましょう。

チーク

横幅を目立たなくするために黒目の下からこめかみに向かって入れます。中央を濃くすることで求心的に見せることができます。色はフレッシュなコーラルピンク系やコーラルレッド系がぴったりです。

[横長×遠心×スプリングタイプ]

♡ Pick Up Item ♡

for Eye

ON、OFF問わず使える万能色!

オルビス ツイングラデーションアイカラー スタイリングベージュ

ふわっと軽やかに色づくアイシャドウ。2色使いで立体感のある目元に。単色で使用しても程よい抜け感が出ます。肌馴染みのよいシアーなベージュ＆ブラウン。￥1000／オルビス

for Base

ぬれたような「水ツヤ肌」に♡

ルナソル グロウイングウォータリーオイルリクイド 02 Natural

内側から輝くような水ツヤ肌を演出するリキッドファンデ。軽やかなテクスチャーで、肌そのものがきれいになったような仕上がりに！　保湿成分がたっぷりなのも魅力。￥5000／カネボウ化粧品

for Lip

潤いたっぷり、肌馴染みもよいピンク

SUQQU モイスチャー リッチ リップスティック 02

濃密なバーム＆シアーな発色。たっぷりと潤うツヤリップ。02は、明るめの黄みピンク。きらめく純金も含まれてちょっとゴージャスな気分になれそうです。￥5000／SUQQU

for Cheek

頬に血色を+!　優れものプチプラ

セザンヌ ナチュラル チークN 10

コンパクトで持ち運びもしやすいパウダーチーク。頬に自然に色づきます。10は明るめのオレンジ系。ゴールドパールもキラキラと輝き、いきいきとした頬を演出。￥360／セザンヌ化粧品

Best Fashion

明るく黄みがかったカラーを若々しく着こなして

オフィシャル

ON Style

アイボリー　カナリー　シェルピンク

全体的にカジュアルモード かっちりしすぎず軽やかに♡

黄みがかったカラーがマッチ。ライトベージュやアイボリーも似合います。ジャケットをはおるなら襟が付いていないタイプがカジュアルな印象で◎。アクセサリーは、シャンパンゴールド系が肌にやわらかく映えます。

元気なカジュアルスタイルで アクティブな可愛さをUP

年齢よりも若く見られやすいこども顔なので、カジュアルスタイルがマッチ。ニットやシンプルなワンピース、スニーカー、デニムなどのアイテムとも相性がよくオシャレに着こなせます。アクセサリーも明るくキラキラしたものが◎。

プライベート

OFF Style

コーラルピンク　クリームイエロー　クリアネイビー

横長 × 遠心

[type]

A Summer サマータイプ

明るく青みがかったやわらかなカラーを意識

少女のような可愛らしさとやわらかな魅力を放つ横長×遠心×サマータイプ。明るく青みがかったやわらかなカラーと相性がよいです♪

アイメイク
ローズブラウン　ラベンダー

チーク
ローズピンク　パステルピンク

リップ
ストロベリー　ローズピンク

ヘア・眉
ローズブラウン　ココアブラウン

ベース
ライトピンクベージュ　ナチュラル

＊上記の色は肌にのせたとき、似合う色に発色する色を載せています。
そのためこの下の「Color Palette ／似合う色」と違う場合があります。

Color Palette ／ 似合う色

オフホワイト　ライトグレイ　ピンクベージュ　ローズベージュ　ローズブラウン　ココアブラウン　ブルーグレイ　ネイビー　スカイブルー　ライトレモンイエロー

ストロベリー　パステルピンク　ローズピンク　オールドローズ　ラベンダー　ライラック　モーブ　オーキッド　ミントグリーン　ターコイズグリーン

Best Makeup Technique

トータルでやわらかな色使いと透明感のあるメイクに仕上げて

アイメイク

肌馴染みがよいローズブラウンやラベンダー系が◎。強めの色を目頭側にもってきて中央に寄った印象にしましょう。アイラインの色はやわらかなグレイ系が馴染みます。マスカラもグレイ系やソフトブラック系がおすすめ。

リップ

リップカラーは、透け感のある、やわらかなローズ系がお似合い。肌とマッチして、透明感をより引き立ててくれます。大人っぽさよりも、少女っぽさのあるカラーが似合うと覚えておけば、選びやすいですよ。

ベースメイク

黄みの少ないベージュ・ピンクベージュ系の、軽やかに仕上がるものを。ハイライトはシルバー・ピンク・ラベンダー系の繊細なパール入りが◎。シェーディングは肌よりワントーン暗いグレイッシュベージュ系を。入れすぎに注意。

チーク

黒目の下からこめかみに向かって入れ、横幅を目立ちにくくします。中央を濃くのせることでさらに横幅が目立たなくなります。色はパステルピンクやローズピンクがおすすめ。ポッと色づいた頬でフェミニンさをアピールして。

[横長 × 遠心 × サマータイプ]

♡ Pick Up Item ♡

for Eye

使いやすさ抜群のラベンダーカラー

オルビス シャインカルテットアイズ パープルトーン

軽やかなパープル系のパレット。繊細なパールがツヤめく目元を演出します。きれいなグラデーションが簡単に作れるうえ、保湿効果でしっとりとまぶたが潤うところも魅力！ ￥2000／オルビス

for Base

みずみずしい肌に仕上がるファンデ

RMK リクイドファンデーション 201

素肌を生かしながら透明感をアップするリキッドファンデーション。肌にみずみずしくのび広がり、自然なツヤ肌に。201 は明るめのピンクベージュ系です。 ￥4500／RMK Division

for Lip

潤いたっぷり上品なローズピンク

ジルスチュアート リップブロッサム 42

リップクリームのような塗り心地のよさで、唇もたっぷりと潤うリップスティック。42 番は上品なローズピンクです。色持ちのよさも抜群！ ￥2800／ジルスチュアート ビューティ

for Cheek

優しく色づく肌馴染みのよいピンク

SHISEIDO インナーグロウ チークパウダー 04

繊細な粉質で肌と一体化するように馴染み、自然な血色を演出するチーク。04 はやわらかで明るめのピンク。薄づきなので、重ねて好きな濃さに調節できます。 ￥4000／SHISEIDO

Best Fashion

上品×カジュアルで優しくフレッシュな印象に

オフィシャル

ON Style

スカイブルー　ライトグレイ　ネイビー

明るい青みのカラーで コントラストは控えめが◎

明るく青みがかったやわらかなカラーをトップスに。ジャケットはフォーマルすぎないタイプがおすすめです。アクセサリーはキラキラした華奢でソフトなシルバー系やプラチナ系が◎。全体的に優しいトーンでまとめましょう。

カジュアルスタイルで 女性らしい可愛さを出して

若々しい印象を生かして、カジュアル度の高いアイテムを楽しんで。ニットやデニムなどのカジュアル素材のものがしっくりきます。少し甘さを加えたものが似合うので、青みのあるモーブやローズ系も素敵です。

プライベート

OFF Style

モーブ　オフホワイト　ローズブラウン

横長×遠心

[type]

A

Autumn オータムタイプ

落ち着きある黄みがかったナチュラルカラーが◎

可愛らしさと落ち着きのある大人っぽさがMIXした、横長×遠心×オータムタイプの方。重すぎない黄みがかったカラーがお似合いです♪

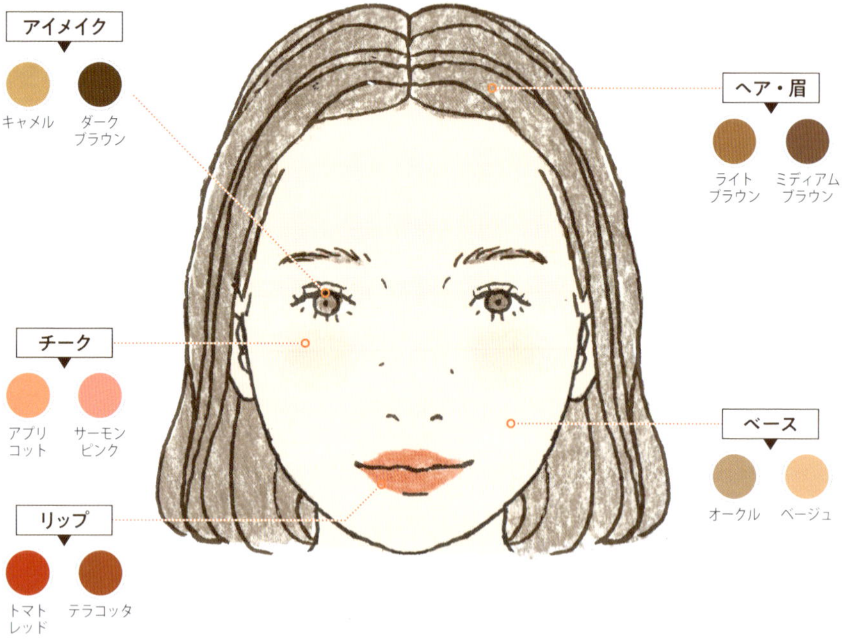

＊上記の色は肌にのせたとき、似合う色に発色する色を載せています。
そのためこの下の「Color Palette／似合う色」と違う場合があります。

Color Palette／似合う色

エクリュ
ベージュ
キャメル
ダーク
ブラウン
チョコレート
ブラウン
ゴールド
グレープ
ダック
ブルー
インク
ブルー
サフラン
イエロー

トマト
レッド
サーモン
ピンク
アプリ
コット
オレンジ
キャロット
テラコッタ
マスタード
カーキ
モス
グリーン
オリーブ
グリーン

Best Makeup Technique

あたたかな色で血色感を際立たせて
ベースメイクはナチュラルに

アイメイク

落ち着きがあるのに、こどもの雰囲気もあるタイプ。多色のグラデよりも、明るい2色程度で濃淡をつけると大人っぽくなりすぎず◎。ベージュやブラウン系などを使って。目頭に濃い色をのせて求心的に見せましょう。

リップ

黄みがかったカラーがとにかく似合います。あたたかさのあるカラーを選んでみましょう。軽やかに色づくトマトレッドやテラコッタがおすすめです。こどもっぽい雰囲気を生かして、重たすぎないカラーが◎。

ベースメイク

ふわっとしたセミマット肌に仕上がるベージュ系のナチュラルタイプがおすすめ。ハイライトはゴールド系が合います。シェーディングは、肌よりもワントーン暗いもので、入れすぎず、薄く自然に入れましょう。

チーク

肌に馴染むサーモンピンクやアプリコットなら、血色も出てマッチ。ゴールドパール入りがおすすめです。顔がすっきり見えるよう、こめかみに向かって楕円形に。中央を濃くして求心的に入れましょう。

[横長×遠心×オータムタイプ]

♡ Pick Up Item ♡

for Eye

肌馴染みのよいベージュ&カーキ

イプサ　デザイニング　アイシェード　14

自分に似合う「ブラウン」が見つかるアイシャドウシリーズ。14は明るいベージュ×カーキの組み合わせ。肌色の延長線上にある色だからこそ、しっくりくるものを選んで。￥2200／イプサ

for Base

肌悩みをカバーしてツヤ肌に

ナチュラグラッセ モイスト BBクリーム 03

すべすべ肌に仕上げるヘルシーなベージュ系のBBクリーム。程よいツヤとカバー力で、美しい肌に見せる優れもの。紫外線やブルーライトをカットする効果も！ ￥2800／ネイチャーズウェイ

for Lip

濃淡調整のしやすいシックなブラウン

メディア ブライトアップルージュ BR-01

リップクリームのような塗り心地のよさと、シアーなツヤが魅力。BR-01は、落ち着きのあるブラウンです。軽やかな仕上がりなので、カジュアルスタイルとも相性抜群！　￥1100／カネボウ化粧品

for Cheek

ふわりと色づくやわらかなオレンジ

SHISEIDO インナーグロウ
チークパウダー 06

シェーディングやハイライトとしても使える万能パウダーチーク。頬にふわりと色づいて優しく発色します。とても細やかなパウダーで自然な仕上がりに。￥4000／SHISEIDO

Best Fashion

あたたかみのある穏やかなカラーをカジュアルに着こなす

オフィシャル

キャメル　エクリュ　ダークブラウン

ジャケットも落ち着きある色でシックにまとめる

ダークブラウンやキャメルなど黄みを感じさせるカラーをトップスに。落ち着いた色合いでコーディネートするのがおすすめです。上着をはおるならラフな印象のノーカラータイプを、アクセサリーは、ゴールド系が◎。

得意なアースカラーを軽やかに合わせて

こどもっぽい顔立ちで、若く見られるのを活用しましょう。かなりカジュアルなニットやスニーカーもオシャレに着こなせるのでお得。足元を軽く見せたいなら、エクリュ（生成り）カラーが一層若々しく見えておすすめ。

プライベート

モスグリーン　ベージュ　マスタード

横長 × 遠心

[type]

A　Winter　ウィンタータイプ

キラキラとした青みがかった鮮やかなカラーがぴったり

可愛らしさと大人っぽさが共存する横長×遠心×ウィンタータイプ。重くなりすぎない青みがかったクリアカラーがベストマッチです♪

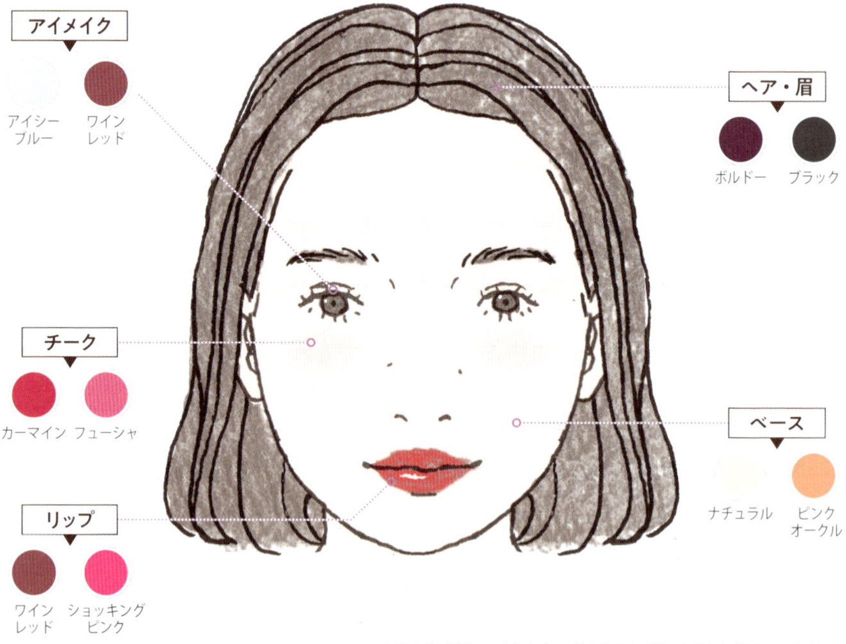

＊上記の色は肌にのせたとき、似合う色に発色する色を載せています。
そのためこの下の「Color Palette ／似合う色」と違う場合があります。

Color Palette ／ 似合う色

ホワイト　シルバーグレイ　チャコールグレイ　ネイビーブルー　ブラック　シルバー　アイシーピンク　アイシーパープル　アイシーブルー　レモンイエロー

カーマイン　ワインレッド　フューシャ　ショッキングピンク　ボルドー　ピーコックグリーン　フォレストグリーン　セルリアンブルー　ロイヤルブルー　ロイヤルパープル

Best Makeup Technique

メイクは「ツヤ」重視！ 青みのカラーで透明感を引き立てて

アイメイク

アイシーブルーやパープル系のアイカラーが◎。アイラインはブラックかネイビーをペンシルでさりげなく、まつげの生え際が濃くなったように自然にぼかして入れて。目頭に濃く入れ、目を求心的に見せることを忘れないで。

リップ

リップは、シアーなワインレッドやショッキングピンクがおすすめ。こども顔なので重たくないカラーを！ リップのツヤでナチュラルさを出せば、大人可愛い魅力があふれます。

ベースメイク

ナチュラルに仕上がるピンクオークル系がおすすめ。ハイライトは、シルバー・ブルー・ピンク系が、澄んだ肌色を際立たせる色みです。小顔に見せたいときは、オークル系のシェーディングをほんのり入れ、自然に仕上げて。

チーク

チークが目立ちすぎると可愛くなりすぎるので、大きめブラシでふわっとオン。横幅をカバーするために、黒目の下からこめかみに向かって入れて、中央を濃く。これで求心的に見えます。ローズ系やレッド系が似合います。

[横長×遠心×ウィンタータイプ]

♡ Pick Up Item ♡

for Eye

まぶたの透明感が UP するシルバー

SHISEIDO オーラデュウプリズム 01

まぶたにツヤめきと立体感を与えてくれるクリームアイカラー。光が躍るようなシルバーパールがたっぷりで透明感ある目元を叶えます。頬や唇にもOK。￥3600／SHISEIDO

for Base

軽やかな仕上がりで自然なツヤ肌に

アディクション　ザ スキンケア ファンデーション 002

薄づきで軽やかな仕上がりのリキッドファンデーション。透明感のある自然なツヤ肌を演出します。002 は明るめのピンクベージュ系です。￥4500／アディクション ビューティ

for Lip

唇のくすみや色むらも補整

イプサ　リップスティック　S04

みずみずしい使用感とツヤめく仕上がりで潤いも持続するイプサのリップ。S04 は透け感のある可愛いフューシャピンクです。肌の透明感を引き立ててくれる一本。￥3200／イプサ

for Cheek

顔色を明るく見せる青みピンク

RMK インジーニアス パウダーチークス N 01

見ためほど強い色みにはならず、頬に優しく溶け込むパウダーチーク。01 は青みピンクで、パールもたっぷり。顔色を明るく見せてくれるアイテムです。￥3000／RMK Division

Best Fashion

すっきり×シャープなカラーでメリハリあるコーディネートを

オフィシャル

ON Style

ネイビーブルー　ホワイト　シルバーグレイ

清潔感あるクリアカラーで大人シンプルスタイル

青みを感じるクリアなカラーをトップスに。ジャケットをはおるなら襟のないものがカジュアルな印象で似合います。全体的にメリハリあるファッションが◎。アクセサリーはクリアなシルバーやプラチナなどのクールな輝きを。

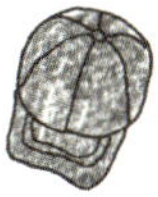

シンプルな色使いもオシャレに決まる!

Tシャツやデニムのような、若々しくラフなアイテムと相性がよいタイプ。鮮やか、または澄んだ色を選ぶのがポイントです。濁りのある落ち着いた色を合わせたいなら、ボトムスや小物に入れるとうまくいきます。

プライベート

OFF Style

ホワイト　ブラック　レモンイエロー

[type]
B

横長 × 求心 タイプ

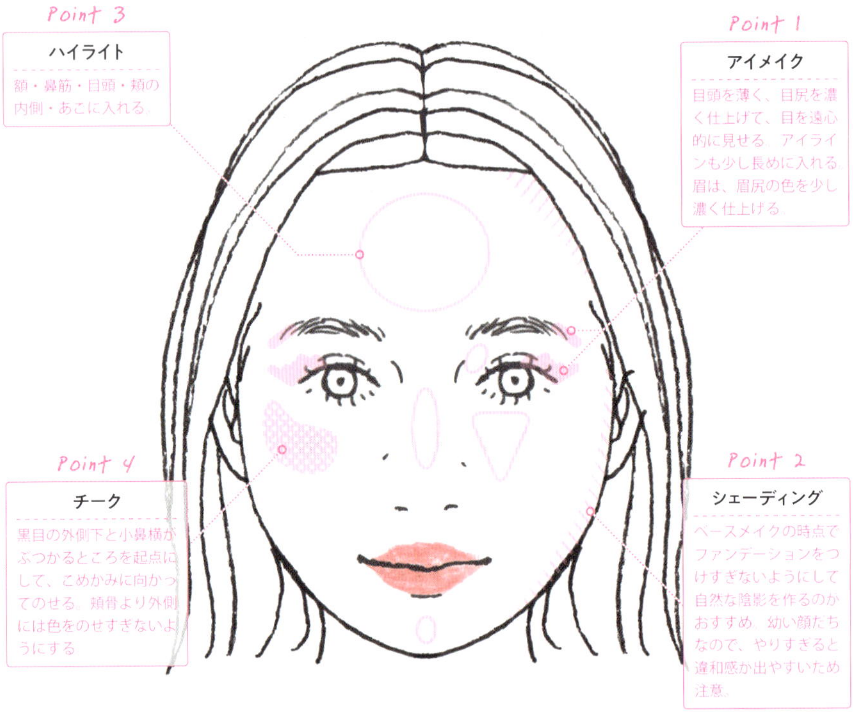

Point 3
ハイライト
額・鼻筋・目頭・頬の内側・あごに入れる。
Point 1
アイメイク
目頭を薄く、目尻を濃く仕上げて、目を遠心的に見せる。アイラインも少し長めに入れる。眉は、眉尻の色を少し濃く仕上げる。
Point 4
チーク
黒目の外側下と小鼻横がぶつかるところを起点にして、こめかみに向かってのせる。頬骨より外側には色をのせすぎないようにする。
Point 2
シェーディング
ベースメイクの時点でファンデーションをつけすぎないようにして自然な陰影を作るのがおすすめ。幼い顔たちなので、やりすぎると違和感が出やすいため注意。

縦ラインを強調しながらパーツを遠心に寄せるメイク

横長×求心タイプも年齢より若く見られやすいタイプ。縦に長い印象となるように顔のパーツを遠心に寄せるメイクをすると◎。ベースメイクは潤ったナチュラルな仕上がりにし、アイメイクは目頭を薄く、目尻を濃くして。顔の中央にはハイライトでツヤをオン。これで顔にスペースができ、抜け感が出てパーツが窮屈に見えなくなります。シェーディングはナチュラルに入れましょう。

横長×求心 タイプ

美人度upのコツ

❶

メイクが派手になってしまうなら

「メイクをすると派手になってしまう」ときは、無理に濃い色を使おうとせず、淡い色を使って抜け感を出すのがポイント。たとえば、目元を淡い色で仕上げると、まぶたが広く見え、明るさも出るので、目元をやわらかく見せることができます。

❷

小顔に見せたいなら

小顔に見せるポイントは、余白のスペースを影にすること。横長×求心タイプの場合、目尻と口角を結ぶラインから外には、ベースやチークを薄めにのせて自然な陰影を作るのがポイントです。

❸

目の下の影を緩和させるなら

目が大きめの方が悩みがちな目の下の黒グマ。緩和させるコツは、ピンクやオレンジ系の下地を使うと明るい血色感が出て違和感なくマッチします。さらに、肌をふっくら見せるパール系のハイライトをのせてあげると目立ちにくくなります。

横長 × 求心

[type]

B　Spring　スプリングタイプ

明るく黄みのある鮮やかなカラーが相性よし

可愛らしさとアクティブさ両方の要素をもつ横長×求心×スプリングタイプ。明るくて黄みのある鮮やかなカラーが馴染みます。

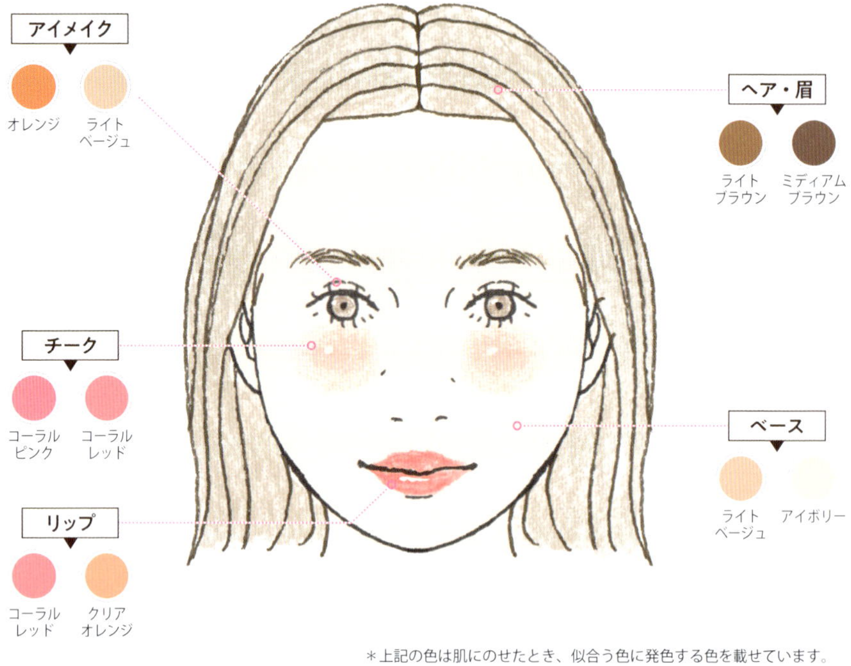

＊上記の色は肌にのせたとき、似合う色に発色する色を載せています。
そのためこの下の「Color Palette ／似合う色」と違う場合があります。

Color Palette ／ 似合う色

アイボリー／ライト ベージュ／サンド／キャメル／ライト ブラウン／ミディアム ブラウン／シャンパン ゴールド／クリア ネイビー／ターコイズ ブルー／バイオレット

スカーレット／コーラル レッド／シェル ピンク／コーラル ピンク／クリア オレンジ／オレンジ／クリーム イエロー／カナリー／ブライト グリーン／エメラルド グリーン

Best Makeup Technique

ベースはナチュラルに、程よく抜け感のあるツヤ肌メイクを

アイメイク

目尻に濃い色をのせ、視線を内側に集めないよう工夫を。しっかりめのグラデーションを作ると幼い顔立ちには不自然なため、薄く明るいツヤのあるベージュやオレンジ系など２色だけでメイクするとしっくりきます。

リップ

パーツが中心寄りだと派手になりがち。そこで目力を抑えたメイクを提案しているので、その分リップはシアーながらも色みがしっかりあるものを。コーラルレッド、クリアオレンジ系が◎。マットよりもツヤありが似合います。

ベースメイク

強いメイク感が出ないように、気になる部分はコンシーラーで隠し、薄づきのファンデーションで仕上げて。ハイライトはゴールド系の輝きを、シェーディングエリアはファンデを薄く塗り自然な影にする程度に。

チーク

コーラルピンク、コーラルレッド、シェルピンク、クリアオレンジなどの内側からにじみ出てくるような健康的な色みが鉄板です。黒目の外側下からこめかみに向け、頬骨に沿って斜めに入れ、縦長の印象にするのがコツ。

[横長×求心×スプリングタイプ]

♡ Pick Up Item ♡

for Eye

優しい発色で程よい抜け感を演出

ルナソル オーロライズアイズ 02

夜空に揺らめくオーロラのような、幻想的なまなざしを作るアイシャドウ。定番のブラウンに加えてピンクやイエローなど、明るく可愛いカラーがそろったパレットです。￥5000／カネボウ化粧品

for Base

透明感とツヤ肌をキープしてくれる

イプサ　リテクスチャリング ファウンデイション　101

毛穴やキメの凸凹を光で補整し、透明感とツヤを与えてくれるリキッドファンデーション。つけたときの仕上がりが長く続きます。101は明るいベージュ系。￥4500／イプサ

for Lip

濃淡調整のしやすいクリアオレンジ

メディア ブライトアップルージュ OR-01

濃密でリッチなツヤと発色で顔の印象を明るく見せるリップスティック。クリアなオレンジは、カジュアルなコーディネートとも相性抜群です。￥1100／カネボウ化粧品

for Cheek

これ一つでチークにもリップにも

ヴィセ リシェ　リップ&チーククリームN PK-4

内側から自然な血色感を与えてくれるクリームチーク。リップとしても使用できる優れもの。ツヤめくコーラルピンク系で肌馴染みも◎。￥1000（編集部調べ）／コーセー

Best Fashion

明るめカラーの華やかカジュアルがハマります！

オフィシャル

ON Style

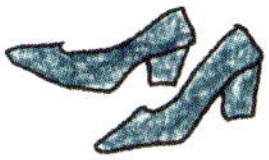

カナリー　クリアネイビー　アイボリー

躍動感ある明るいカラーを顔まわりに持ってきて華やかに

若々しい印象なのでスーツでかっちりすると、就活生風の真面目テイストに。大人オフィススタイルを目指して、イエローのブラウスや大人めバッグ、ヒールを合わせてみて。暗い色や重たい色は、顔から遠いボトムスや小物に。

ロングワンピースも際立つ華やかな色合いで！

ザ・華やかワンピースにも、負けずに似合うタイプ。柄なら、小花柄よりもやや大きめの花柄でメリハリを。もぎたてフルーツのような明るい色がとても似合います。可愛さのあるカジュアルな小物を合わせましょう。

プライベート

OFF Style

スカーレット　キャメル　ライトブラウン

横長 × 求心

[type]

B Summer サマータイプ

明るく青みがかった落ち着きのあるカラーをセレクト

少女のような可愛さと女性らしさ両方の要素をもつ、横長×求心×サマータイプ。明るく青みがかったカラーが鉄板です♪

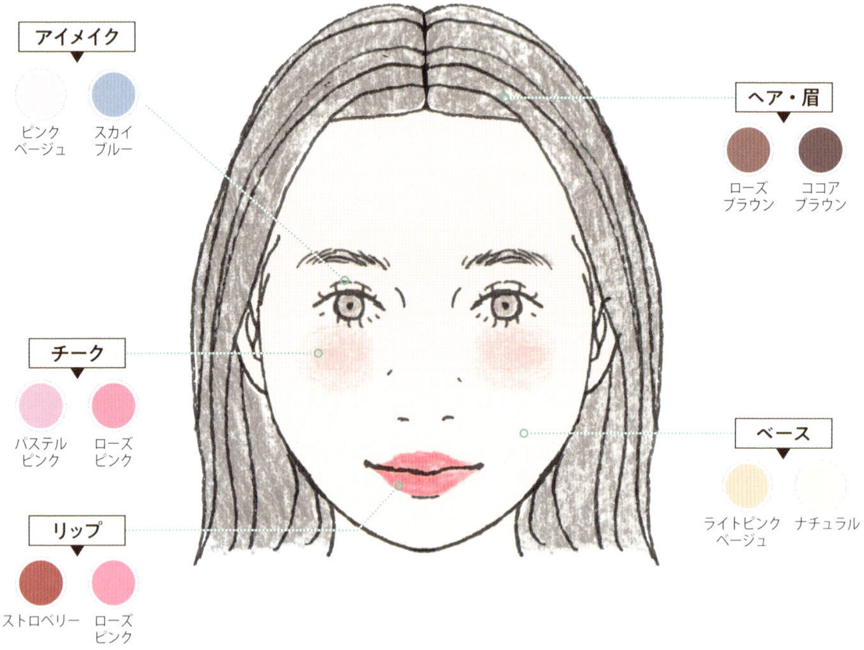

＊上記の色は肌にのせたとき、似合う色に発色する色を載せています。
そのためこの下の「Color Palette ／似合う色」と違う場合があります。

Color Palette ／ 似合う色

オフホワイト　ライトグレイ　ピンクベージュ　ローズベージュ　ローズブラウン　ココアブラウン　ブルーグレイ　ネイビー　スカイブルー　ライトレモンイエロー

ストロベリー　パステルピンク　ローズピンク　オールドローズ　ラベンダー　ライラック　モーブ　オーキッド　ミントグリーン　ターコイズグリーン

Best Makeup Technique

青みカラーで肌を美しく見せて 主張しすぎない色でまとめる

アイメイク

強すぎる色よりも落ち着いた色が似合うタイプ。やわらかなピンクベージュやスカイブルー、ラベンダー系などのカラーを選ぶのがベストです。アイラインやマスカラも目尻側に濃いめにつけて遠心に寄せるのを忘れないで。

リップ

シアーでクリアなストロベリーやローズピンク系がおすすめ。こども顔なので、重たさを感じる濃いものよりも透け感のあるものが映えます。目元や口元をナチュラルにするときは程よく発色するものを選びましょう。

ベースメイク

ピンクベージュ系を選び、マシュマロのようなセミマットに仕上げると、少女っぽい印象とマッチ。すべてをマットにすると大人っぽすぎて違和感が出やすいです。シェーディングは、パウダーよりもクリーム状でさりげなく。

チーク

黒目の外側下からこめかみにかけてオン。頬骨の張っているところよりも外側にはあまり色をのせないで。やまとなでしこテイストが似合う、上品で落ち着いた雰囲気を生かすために、ローズピンク、パステルピンク系などを。

[横長×求心×サマータイプ]

♡ Pick Up Item ♡

for Eye

上品に仕上がるシアーなココアブラウン

ヴィセ アヴァン　シングルアイカラー
クリーミィ 104

目元のベースとしても使えるアイシャドウ。シアーなココアブラウンです。上品な目元を演出してくれるアイテム。目元に抜け感を出したいときにもおすすめ。￥800（編集部調べ）／コーセー

for Base

魅力を際立てるやわらかな色づき

ナチュラグラッセ スキントリートメント
ファンデーション（PB2）

肌に透明感と血色感をもたらすベースメイクアイテム。PB2 はピンクベージュ系です。まるでフェイスマスクをしているような潤いも与えてくれる優れもの。￥4000／ネイチャーズウェイ

for Lip

品よく仕上がるローズカラー

コフレドール　ピュアリーステイルージュ
RS-340

濃密で唇にもとろけるよう馴染むリップスティック。シアーでツヤめくローズカラーは、女性らしい口元に仕上がります。長時間潤いが続くところも嬉しい。￥2500（編集部調べ）／カネボウ化粧品

for Cheek

スモーキーで優しい青みピンク

レ・メルヴェイユーズ ラデュレ
プレストチークカラーN 01

軽やかな質感のパウダーチーク。毛穴や肌の凸凹もなめらかに見せます。スモーキーで優しく色づく青みピンク。気分が上がる可愛いパッケージも◎。￥5300／レ・メルヴェイユーズ ラデュレ

Best Fashion

全体にソフトな雰囲気を意識して、ゆるめ上品にまとめるのがコツ

オフィシャル

ON Style

オフホワイト　モーブ　ライトグレイ

少しくすんだ優しい色使いで フェミニンさをアピール

可愛い＋落ち着いた印象なので、ソフトなカラーが◎。こどもっぽさと女性らしさを生かすには、全体の50％を明るい色に。アクセサリーを選ぶなら、サマータイプに合うシルバーやプラチナ系が上品さをアップできます。

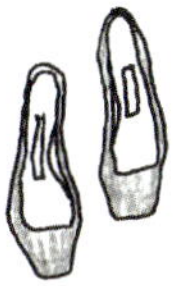

落ち着きのあるコーディネートに どこか甘い少女っぽさを加えて

ニットやデニムのようなカジュアルなものが似合います。同系色の濃淡を使ったワントーンコーデがオシャレに決まるので試してみて。ピンクなどの甘い色を少し加えると、大人上品なテイストが加わって魅力がアップ。

プライベート

OFF Style

ライトグレイ　ブルーグレイ　オーキッド

横長 × 求心

[type]
B Autumn オータムタイプ

落ち着きある黄みがかったナチュラルカラーで

こどもと大人の要素が MIX された、落ち着きのある印象の横長×求心×オータムタイプ。重すぎない黄みがかったやわらかなカラーが得意です♪

アイメイク
ベージュ　カーキ

ヘア・眉
ダークブラウン　チョコレートブラウン

チーク
オレンジ　アプリコット

ベース
オークル　ベージュ

リップ
トマトレッド　サーモンピンク

＊上記の色は肌にのせたとき、似合う色に発色する色を載せています。
そのためこの下の「Color Palette ／似合う色」と違う場合があります。

Color Palette ／ 似合う色

エクリュ　ベージュ　キャメル　ダークブラウン　チョコレートブラウン　ゴールド　グレープ　ダックブルー　インクブルー　サフランイエロー

トマトレッド　サーモンピンク　アプリコット　オレンジ　キャロット　テラコッタ　マスタード　カーキ　モスグリーン　オリーブグリーン

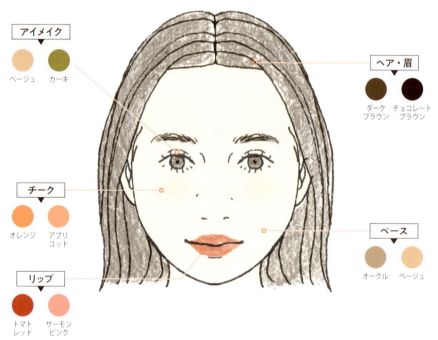

Best Makeup Technique

あたたかさのある色みでまとめると自然で抜け感のある仕上がりに

アイメイク

アースカラーが似合うのでベージュやカーキ、熟したトマトやカボチャのような色みを使ってみて。ブラシでふわっと馴染ませると自然です。ブラウンのアイラインで目尻側をしっかり引くと外側に目線が行くのでgood。

リップ

軽さのある色づきのサーモンピンクやトマトレッドを選ぶとベストマッチ。幼さのある顔立ちなので、重たすぎる色やしっかりマットなリップは沈んでしまいがち。軽やかな色みを意識して選ぶとうまくいきます。

ベースメイク

厚塗り感を出さずふわっとした肌印象になる、セミマットな質感に。こどもっぽさのある顔立ちにはツヤがあったほうがしっくりくるので、ゴールド系のハイライトもプラス。マダムっぽくならずいきいき見えますよ。

チーク

ディープすぎる色は違和感が出やすいので、オレンジやアプリコットなどの可愛い色を。横幅が目立たないよう、黒目の外側下からこめかみに向けてオン。頬骨の出ているところより外側にあまりのせないのがコツ。

[横長×求心×オータムタイプ]

♡ Pick Up Item ♡

for Eye

オシャレな目元に仕上げるブルーグリーン

**セルヴォーク シュアネス
アイライナーペンシル 05**

目力と抜け感を演出するアイライナーペンシル。05 はアクセントカラーにもおすすめしたいブルーグリーン！　オシャレな目元に仕上がります。￥2800 ／セルヴォーク

for Base

自然で美しいセミマット肌が完成

**ディオールスキン フォーエヴァー
クッション 2W**

シミやそばかすなどの色むらを程よくカバーしながら、セミマット肌に仕上がるクッションファンデーション。2W はヘルシーなベージュです。￥7500 ／パルファン・クリスチャン・ディオール

for Lip

透け赤リップで可愛い唇になれる！

レブロン バーム ステイン 045

軽いつけ心地で唇も潤うクレヨンリップ。045 は、透け感のある黄みの赤です。重たくない赤リップなので使いやすさも抜群！　抜け感のある一本。￥1200 ／レブロン

for Cheek

肌との一体感がたまらないチーク

**ローラ メルシエ　ブラッシュ カラー
インフュージョン 02**

肌に溶け込むように一体化して馴染むパウダーチーク。02 はマットな質感で血色感のある頬に仕上がるあたたかなピンク。シーンを選ばず使えるカラー。￥3500 ／ローラ メルシエ ジャパン

Best Fashion

黄みのあるカラーで落ち着きと優しさを生かしたファッションに

オフィシャル

ダーク ブラウン　チョコレート ブラウン　ベージュ

「ブラウン」を味方につける コーディネートでシックに決めて

あたたかで黄みのあるカラーをトップスに。ブラウンも老けずにオシャレになるのがこのタイプの特権。全体の70～80％を落ち着いた色にして、アクセサリーはゴールド系を。困ったら「ブラウン」を着れば、即、素敵な印象になります。

プライベート

シックでナチュラルなカラーを 若々しいアイテムで着こなして

パーカやデニムがしっくりくるのは、こどもテイストをもっているから。オールインワン、ジャンパースカートなどもオシャレに決まります。ゴージャスなイメージの色みを若々しく着られるので、大人カジュアルを楽しめます。

マスタード　チョコレート ブラウン　ゴールド

横長 × 求心

[type]
B　Winter ウィンタータイプ

キラキラとした青みがかったクリアカラーをメインに

こどもと大人の両方の要素があり、クールさとアクティブさをあわせもっています。輝きのある鮮やかな青みカラーが似合います。

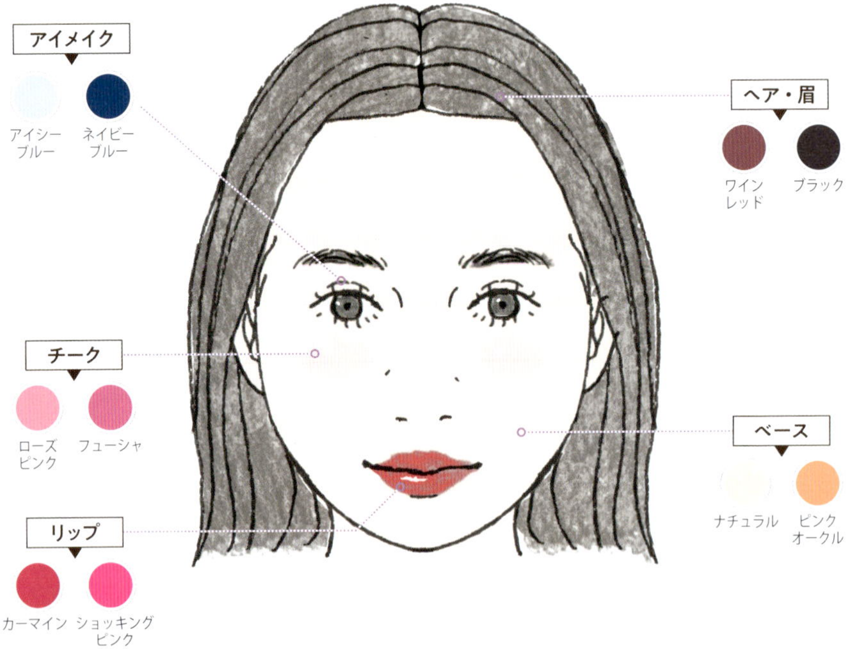

＊上記の色は肌にのせたとき、似合う色に発色する色を載せています。
そのためこの下の「Color Palette／似合う色」と違う場合があります。

Color Palette ／ 似合う色

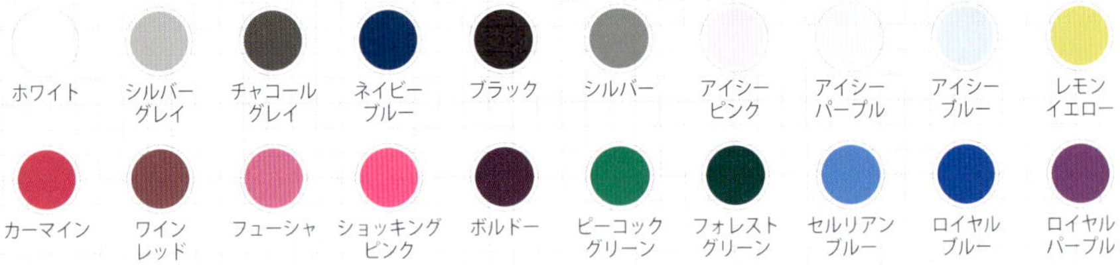

Best Makeup Technique

ベースにみずみずしいツヤをオン 軽やかさを出したメイクにまとめて

アイメイク

青みがあって重すぎない色みがしっくりくるので、アイシーブルーやネイビーブルーが◎です。アイラインやマスカラはブラックを選んでクールな魅力を際立たせて。目尻側を強めにメイクして遠心に寄せましょう。

リップ

マットな色よりも、軽いクリアな色がお似合いです。レッドやピンク系のグロスなどはツヤと軽やかさがベストマッチ。大人っぽく深みのある色を選んだときも、クリアタイプでツヤツヤに見せるのが鉄則です。

ベースメイク

瞳や髪にもツヤがあるタイプ。マットな質感だと、もともとある肌のツヤを生かせないので、ツヤのあるベースメイクがマスト。ピンクオークル系などがマッチします。ハイライトはシルバーやブルー系の輝きをセレクトしましょう。

チーク

横幅を目立たなくするために、黒目の外側下から入れ始めるのがコツ。内側から血色がにじみ出るようなクリームタイプがおすすめです。ローズやフューシャ系のような青みのカラーがしっくりきます。

[横長×求心×ウィンタータイプ]

♡ Pick Up Item ♡

for Eye

シアーブラックで遊び心を刺激!

SUQQU トーン タッチ アイズ 15

色と光で遊び心を刺激するシングルアイシャドウです。シルバーパールやブルーパールがたっぷりのシアーなクリアブラックは、惹きつけるような目元を演出します。￥3700／SUQQU

for Base

軽やかな使用感のナチュラルベース

ヴィセ リシェ　ヌーディフィット
リキッド　OC-410

軽やかな使用感で肌にもしっかりと密着し、毛穴や色むらをカバーしてくれるリキッドファンデーション。OC-410は、ナチュラルに色づくオークル系です。￥1400（編集部調べ）／コーセー

for Lip

セラミドやヒアルロン酸でケアするルージュ

オルビス ピュアルージュリッチ
プラムコンポート

濃密なツヤのある唇に仕上げてくれるリップスティック。保湿成分がたっぷり入ってつけ心地も秀逸。プラム系カラーにパールがキラめき、唇を華やかに彩ります。￥1200／オルビス

for Cheek

ムースがパウダーに変わり、自然に発色

SHISEIDO ミニマリスト
ホイップパウダーブラッシュ Ayao/05

肌の上でパウダーに変わり、ふわりと溶け込んで肌を引き立てながら健康的な赤みをオン。Ayao/05は見た目ほどパープル感を感じない自然な色づきで人気のカラーです。￥4000／SHISEIDO

Best Fashion

大人っぽさを出しすぎず、抜け感を大切に

オフィシャル

ネイビーブルー　アイシーピンク　シルバー

フォーマル×スウィートで引き締まったスタイル

トップスには青みカラーを。鮮やかなアイテムを加えたメリハリあるコーディネートが◎。鮮やかな色が満載だとガチャガチャするので使用色は３色までに。シルバー系アクセサリーを加えるとシャープな魅力を引き立てます。

モノトーンにはアクセントカラーでメリハリをプラスして

若々しいファッションがしっくりくるタイプ。カジュアルなワンピースやコート、キャップ、スニーカーなども、オシャレに着こなせます。シンプルすぎてこどもっぽくなるときは、華やかなアクセントカラーを差すと◎。

プライベート

ホワイト　ブラック　フューシャ

[type]
C

縦長 × 遠心 タイプ

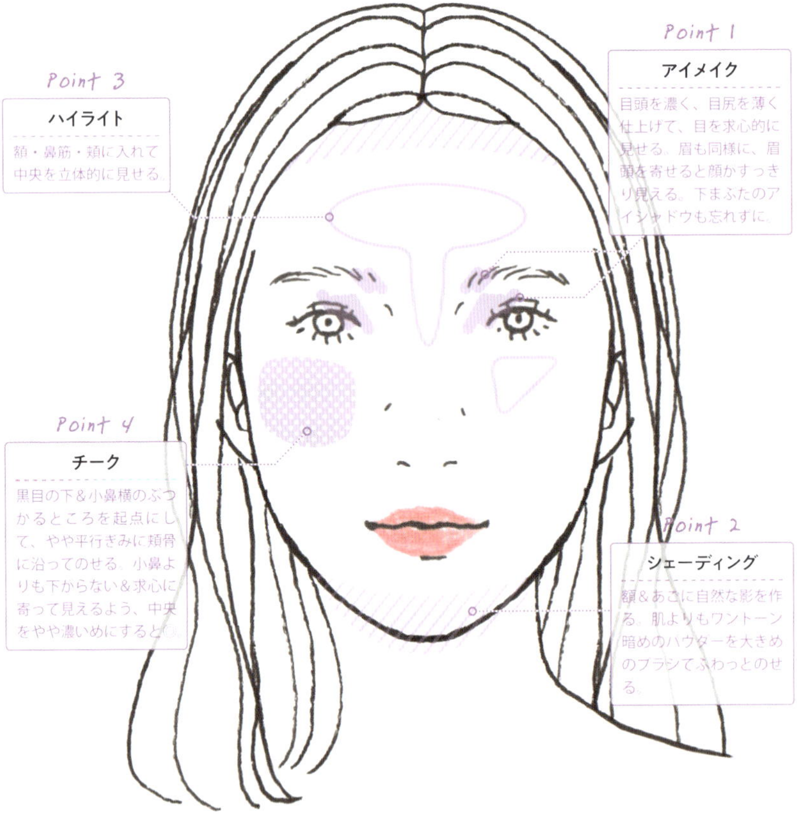
Point 1
アイメイク
目頭を濃く、目尻を薄く仕上げて、目を求心的に見せる。眉も同様に、眉頭を寄せると顔がすっきり見える。下まぶたのアイシャドウも忘れずに。
Point 3
ハイライト
額・鼻筋・頬に入れて中央を立体的に見せる。
Point 4
チーク
黒目の下＆小鼻横のぶつかるところを起点にして、やや平行ぎみに頬骨に沿ってのせる。小鼻よりも下がらない＆求心に寄って見えるよう、中央をやや濃いめにすると◎。
Point 2
シェーディング
額＆あごに自然な影を作る。肌よりもワントーン暗めのパウダーを大きめのブラシでふわっとのせる。

縦幅をカバーしながらパーツを求心に寄せるメイク

大人要素が強く、穏やか・上品・落ち着いている印象をもたれやすい縦長×遠心タイプの方。濃い色と相性がよく、しっかりとしたきちんとメイクがハマりやすいです。顔の縦幅をカバーしながら顔のパーツを求心に寄せるメイクをすると、魅力を生かしながらも美人度をUPすることができます。ベースメイクは、きちんと感が出る仕上がりのものがおすすめ。アイメイクは目頭を濃く、目尻を薄く。ハイライトで顔にツヤと立体感を！

縦長 × 遠心 タイプ

美人度upのコツ

❶

目を大きく見せたいなら

濃い色のアイシャドウを目の際にのせるとまぶたの陰影が際立つので、目そのものを大きく見せることができます。下まぶたには肌馴染みのよいアイシャドウをのせ、マスカラで縦幅も強調して。目尻にマスカラをたっぷり塗ると、目の横幅もUP！

❷

目をもっと求心的に見せたいなら

目と目の間隔を近づけたいなら、ノーズシャドウも効果的。ノーズシャドウを入れる場合は、眉頭から目頭のくぼみを意識して、肌馴染みのよい色をブラシでさりげなくのせると自然に仕上がります。

❸

頬を短く見せたいなら

頬を短く見せたいなら、唇の輪郭をきちんと縁取るのもおすすめ。唇の色と馴染みのよいリップライナーを使い、唇をひとまわり大きくなぞるだけでOK。頬の長さを短く見せ、唇の輪郭もキュッと締まり上品に仕上がります。

縦長 × 遠心

[type]

C　Spring スプリングタイプ

明るく黄みがかったクリアなカラーが得意♡

穏やかで大人可愛い印象の縦長×遠心×スプリングタイプ。明るく黄みがかったクリアなカラーがマッチします。

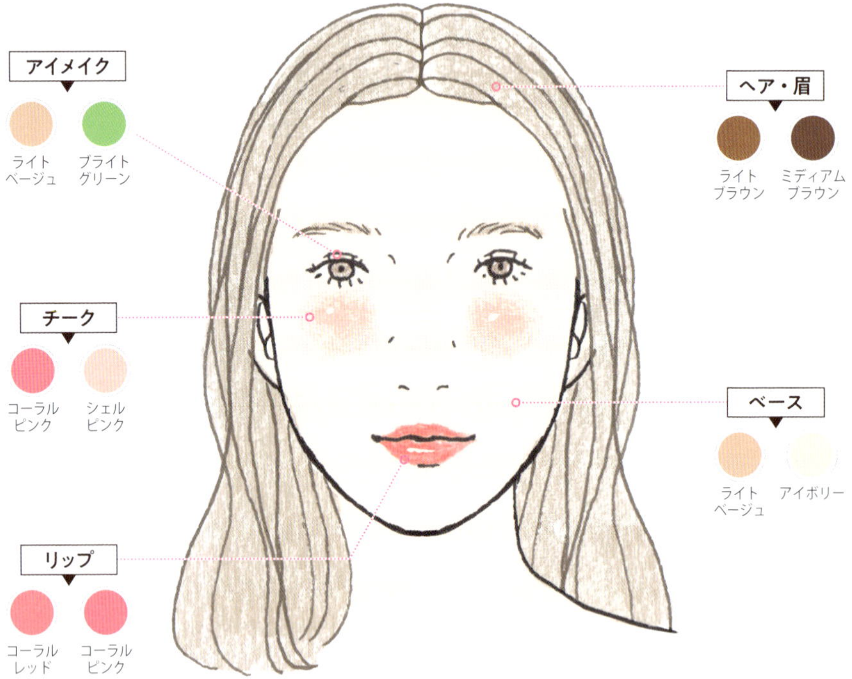

＊上記の色は肌にのせたとき、似合う色に発色する色を載せています。
そのためこの下の「Color Palette ／似合う色」と違う場合があります。

Color Palette ／ 似合う色

アイボリー　ライトベージュ　サンド　キャメル　ライトブラウン　ミディアムブラウン　シャンパンゴールド　クリアネイビー　ターコイズブルー　バイオレット

スカーレット　コーラルレッド　シェルピンク　コーラルピンク　クリアオレンジ　オレンジ　クリームイエロー　カナリー　ブライトグリーン　エメラルドグリーン

Best Makeup Technique

ベースは「きちんと感」を重視
リップを主役に黄みのカラーを

アイメイク

縦長の大人っぽさをも生かしつつ、オシャレなグラデーションを楽しんで。ベージュ系はもちろん、グリーン系も。下まぶたにも肌馴染みのよいアイシャドウやアイラインを入れると目の重心が下がり顔の長さをカバーできます。

ベースメイク

大人っぽく見える顔立ちには、きちんとして見えるベースメイクを。大人顔のスプリングタイプには、ツヤ肌～セミマット肌がメイク感も出てベストマッチです。色はベージュ系を選び、ハイライトはゴールド系に。

リップ

大人っぽい雰囲気に似合うのは、口元にポイントを置いたメイク。可愛い印象も兼ね備えているので、ツヤも欲しいところ。クリアでツヤのあるしっかりした発色のコーラル系を選ぶと、口元が際立つベストメイクに。

チーク

縦幅が目立たないように、チークは黒目の下から小鼻横のぶつかるところからスタート。平行ぎみに頬骨に沿ってのせ、小鼻より下には入れないで。中央を濃くすると求心的に見えます。色はコーラル系やオレンジ系がgood。

［縦長×遠心×スプリングタイプ］

♡ Pick Up Item ♡

for Eye

自然と目を大きく見せてくれる万能色

マキアージュ
ドラマティックスタイリングアイズ BE303

ベージュからブラウンがそろう使いやすさ抜群のパレット。テクニックいらずで簡単にグラデーションを作ることができます。ON、OFF問わず使えます。¥2800（編集部調べ）／資生堂

for Base

ベストマッチのベージュ系はこれ!

NARS ナチュラルラディアント ロングウェア
クッションファンデーション 5878

色むらをカバーしながら、ツヤを与えてくれるNARSのクッションファンデーション。時間が経ってもきれいなツヤが持続。5878は、肌馴染みのよいベージュ系です。¥6300（セット価格）／NARS JAPAN

for Lip

上品な仕上がりの大人カラー

ローラ メルシエ　ルージュ エッセンシャル
シルキー クリーム リップスティック 03

なめらかな塗り心地＆しっかり発色で唇に上品なツヤを与えてくれるリップスティック。03はきちんと感のある大人なピンク系で、フェミニンな印象です。¥3600／ローラ メルシエ ジャパン

for Cheek

しっとり質感!　鉄板のコーラルピンク系

クリニーク チーク ポップ 08

しっとりとした粉質で頬にもぴたりとフィットするパウダーチーク。明るくやわらかなコーラルピンクです。ガーベラをモチーフにしたデザインもキュート。¥3300／クリニーク

Best Fashion

明るく黄みがかったカラーで大人ファッションを楽しもう♡

オフィシャル

ON Style

ライトベージュ　コーラルレッド　シャンパンゴールド

明度の高い色でまとめて大人っぽさと可愛さを表現

明るく黄みがかった色をトップスに。大人顔なのでジャケットやブラウスなどの大人アイテムが似合います。アクセサリーはシャンパンゴールド系を。全体の50％を明るい色にするとスプリングさんの魅力が生かせます。

きれいめな小物を加えて落ち着いたカジュアルに

大人っぽく見える顔立ちなので、上品なスタイルで魅力をアップしましょう。オフの日もカジュアルにしすぎず、大人度をキープ。ベーシックカラーの中に鮮やかなカラーを差して、全体を３色におさめるとバランスよし。

プライベート

OFF Style

キャメル　ターコイズブルー　アイボリー

縦長×遠心

[type]

C

Summer サマータイプ

明るく青みがかったソフトなカラーが得意♡

上品で大人っぽい雰囲気が持ち味の、縦長×遠心×サマータイプ。明るく青みがかったやわらかなカラーがよく似合います。

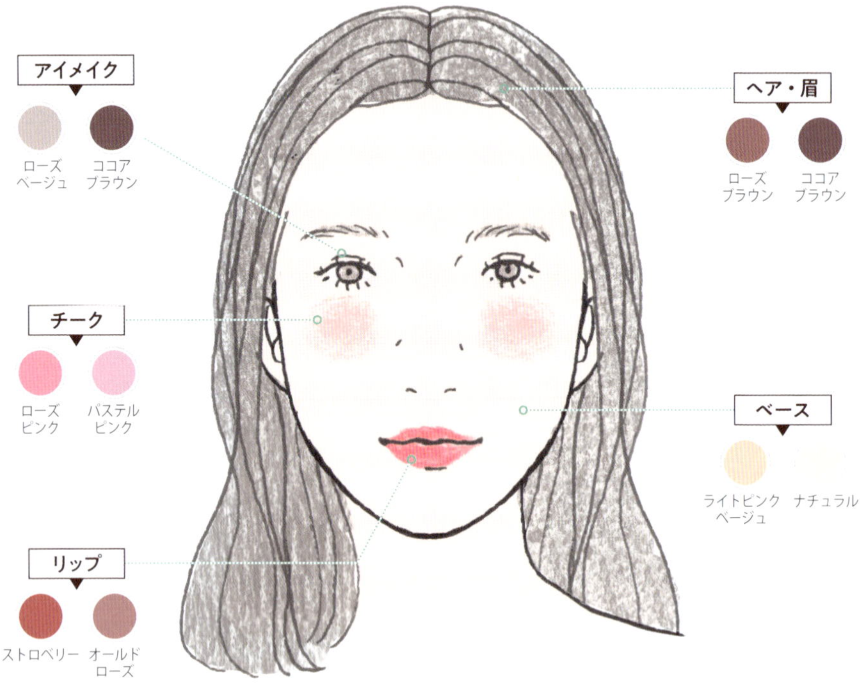

＊上記の色は肌にのせたとき、似合う色に発色する色を載せています。
そのためこの下の「Color Palette ／似合う色」と違う場合があります。

Color Palette ／ 似合う色

オフホワイト	ライトグレイ	ピンクベージュ	ローズベージュ	ローズブラウン	ココアブラウン	ブルーグレイ	ネイビー	スカイブルー	ライトレモンイエロー
ストロベリー	パステルピンク	ローズピンク	オールドローズ	ラベンダー	ライラック	モーブ	オーキッド	ミントグリーン	ターコイズグリーン

Best Makeup Technique

すりガラスのようなセミマット肌に優しい青みカラーをオン

アイメイク

ピンク系やローズ系が似合う色。目頭を濃いめ・目尻薄めの法則で求心に寄せるメイクがおすすめ。アイラインとマスカラも目頭を省かず入れましょう。下まぶたにアイシャドウを足して、目の位置が下がったように錯覚させて。

リップ

全体の統一感を出すと上品さがアップ。アイメイクやチークよりも濃さを出すイメージで、ピンク系やローズ系にしてみて。大人っぽい印象と馴染むのは、リップをメインにしたメイク。しっかり色づくカラーを選んで。

ベースメイク

大人っぽさとサマーの特徴を生かして、すりガラスのようなセミマット肌に。黄みの少ないベージュやピンクベージュ系が◎。ピンクやラベンダー系のハイライトを加えて、のっぺりしないようにするとバランスがよくなります。

チーク

チークを入れると頬の縦の長さが目立ちにくくなるので、縦長さんはマストで入れましょう。チークを入れる際は、黒目の下からこめかみに向けて平行ぎみに入れます。色はピンク系やローズ系がおすすめです。

［縦長×遠心×サマータイプ］

♡ Pick Up Item ♡

for Eye

エレガントなプラムカラー

エクセル　リアルクローズシャドウ CS04

まぶたに立体感と透明感を与えてくれるエクセルのアイシャドウ。CS04は女性らしさを叶えるプラムカラーがIN。濃い色はアイライン風に入れるのもおすすめです。¥1500／常盤薬品工業

for Base

ふわっとマシュマロ肌を叶えるベース

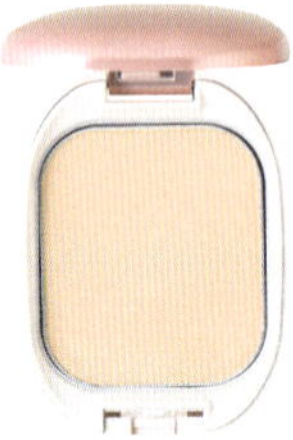

アルビオン パウダレスト 030

肌に馴染んで、色むらをきれいにカバーするパウダーファンデーション。粉っぽさもなく、ほんのりとしたツヤが宿ります。030は、ピンクベージュ系。¥5000（ケース込み）／アルビオン

for Lip

女性らしい青みのレッド

コスメデコルテ ザ ルージュ RD452

リップクリームのようななめらかな塗り心地で、唇にみずみずしいツヤを与えてくれるコスメデコルテの口紅。RD452は上品に仕上がる青みのレッドです。¥3500／コスメデコルテ

for Cheek

透明感を引き立てるやわらかな青みピンク

SUQQU ピュア カラー ブラッシュ 06

ナチュラルな立体感と血色感を与えてくれるパウダーチーク。06は、肌の透明感を引き立てるやわらかな青みピンクです。ピンクのグラデーションを楽しんで。¥5500／SUQQU

Best Fashion

やわらかな青みカラーを主体に、上品で大人なテイストでまとめて

オフィシャル

ライラック　オフホワイト　ココアブラウン

エレガントさが際立つ シンプルなものをセレクト

オフホワイトや明るく青みがかった色が◎。きちんとしたブラウスやバッグ、ヒール靴など、大人っぽいアイテムが似合います。アクセサリーはシルバーやプラチナを選ぶとサマータイプに映えて上品＆きれいにまとまります。

品のよさを重視して カジュアルすぎない組み合わせに

きれいめなヒールを合わせるなど、カジュアルダウンしすぎないスタイルがぴったり。同系色でグラデーションにすると、可愛く上品に仕上がります。やわらかなニット、華奢なプリーツスカートはソフトな曲線が生まれて◎。

プライベート

オーキッド　ストロベリー　ライトグレイ

縦長 × 遠心

[type]

C Autumn オータムタイプ

こっくりとした落ち着きのある色をセレクト

穏やかさと大人っぽさのある、縦長×遠心×オータムタイプ。深みのあるこっくりとした黄みがかったカラーがしっくりきます。

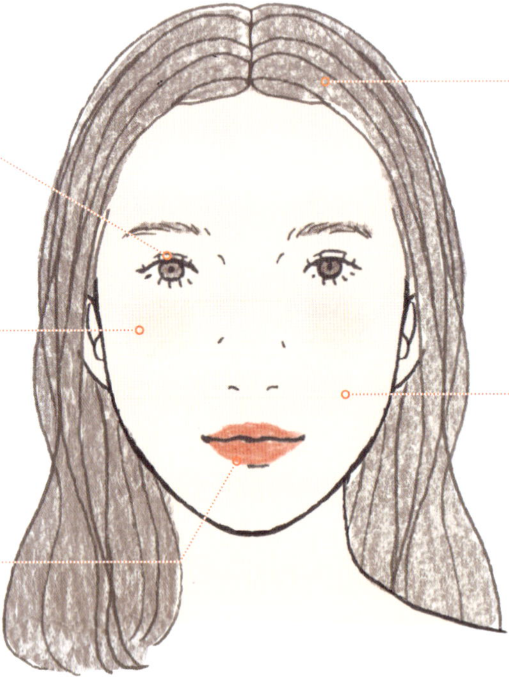

アイメイク
ダークブラウン　モスグリーン

ヘア・眉
ダークブラウン　チョコレートブラウン

チーク
オレンジ　アプリコット

ベース
オークル　ベージュ

リップ
トマトレッド　テラコッタ

＊上記の色は肌にのせたとき、似合う色に発色する色を載せています。
そのためこの下の「Color Palette ／似合う色」と違う場合があります。

Color Palette ／ 似合う色

エクリュ　ベージュ　キャメル　ダークブラウン　チョコレートブラウン　ゴールド　グレープ　ダックブルー　インクブルー　サフランイエロー

トマトレッド　サーモンピンク　アプリコット　オレンジ　キャロット　テラコッタ　マスタード　カーキ　モスグリーン　オリーブグリーン

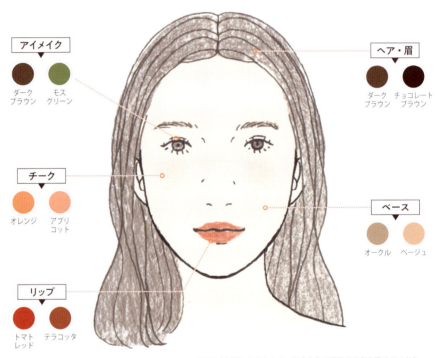

Best Makeup Technique

深みのあるアースカラーで
シックな大人めメイクを楽しんで

アイメイク

カーキ、オレンジ、ブラウンのような秋色が似合います。目頭を濃くして求心寄りの印象に。下まぶたにも肌馴染みのよいアイシャドウをのせると目が下に来たように見え、縦の長さが目立たなくなります。

リップ

リップにポイントのあるメイクがお似合い。しっかり色がのるレッド系やブラウン系を選んでみて。大人顔なので色に負けずに美人度がアップします。リップライナーで口角を縁取ると、よりきっちり見えて素敵な印象に。

ベースメイク

大人っぽさとオータムの特徴を生かして、ベースもマット～セミマットの大人っぽい仕上がりに。黄みのあるベースカラーもリッチな雰囲気に決まり、立体感もしっかり出ます。シェーディングはパウダーをふわりと自然に。

チーク

目元・口元にシックな色をもってきたら、チークはほんのり入れるとバランスよし。縦幅が目立たないよう黒目の下から小鼻横のぶつかるところを起点に、平行ぎみに頬骨に沿ってのせます。色はオレンジ系がいいでしょう。

[縦長×遠心×オータムタイプ]

♡ Pick Up Item ♡

for Eye

メリハリの出る便利な逸品

POLA B.A カラーズ アイパウダー 5

深みのある発色と肌あたりの良いなめらかな粉質が魅力のアイカラー。5は、ウォームブラウン＆コーラルオレンジの組み合わせ。2色でもメリハリある華やかな仕上がりに！　¥5000／ポーラ

for Base

上品なマシュマロテイストの肌に

ケイト パウダリースキンメイカー 03

肌の色むらや凸凹をカバーしてくれる液状パウダーファンデ。セミマットな肌に仕上がります。03は黄みの強いベージュ系。崩れにくいのも魅力。￥1600（編集部調べ）／カネボウ化粧品

for Lip

しっかり発色の大人ブラウン

kiss スライドルージュ 09

つけたばかりの仕上がりが長持ちするスライド式のルージュ。09は、しっかり色づく大人ブラウンです。リッチなツヤと発色で華やかな口元に！潤いもキープ。¥1800／KISSME（伊勢半）

for Cheek

ふんわりナチュラルほっぺに！

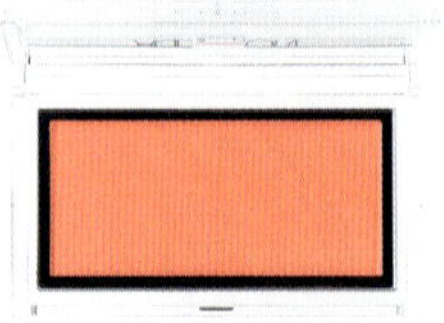

アディクション　ザ ブラッシュ 018

繊細な粉質で肌をまろやかに包み込むアディクションのチーク。018は、ふわりと肌に色づき、自然な血色感を作ることのできるオレンジです。¥2800／アディクション ビューティ

Best Fashion

大人リッチ、深みとシックをキーワードにセレクトしましょう

オフィシャル

ON Style

ダークブラウン　モスグリーン　グレープ

女っぽさとトラディショナル似合う要素を詰め込んで

エレガントなアイテムと、古風なアイテムの両方が似合うタイプ。きちんと感のあるブラウスなど大人っぽいものがマッチします。ゴージャスな雰囲気があるので、リッチなトラディショナル柄のボトムスも着こなせます。

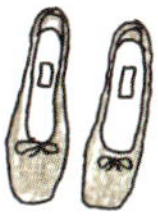

大人要素にカジュアルを足すにはどこか1点に絞ればOK

直線が大人な感じを際立たせるので、トップスにリブニットをもってくるのは賢い選択。カジュアルめのアイテムは、ボトムスや小物などどこかに1点入れると違和感なくまとまります。靴をベージュにして抜け感を演出すると◎。

プライベート

OFF Style

チョコレートブラウン　インクブルー　ベージュ

縦長×遠心

[type]
C　Winter ウィンタータイプ

はっきりとしたメリハリのある青みカラーがベスト!

大人っぽく洗練された印象をもたれやすいのが、縦長×遠心×ウィンタータイプ。はっきりとしたカラーがぴったりです。

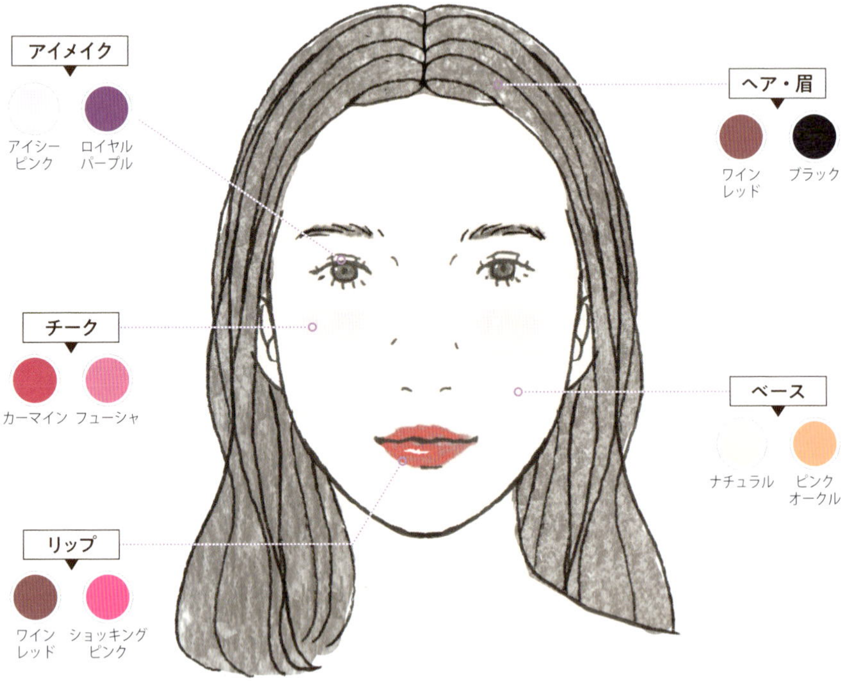

＊上記の色は肌にのせたとき、似合う色に発色する色を載せています。
そのためこの下の「Color Palette ／似合う色」と違う場合があります。

Color Palette ／ 似合う色

ホワイト　シルバーグレイ　チャコールグレイ　ネイビーブルー　ブラック　シルバー　アイシーピンク　アイシーパープル　アイシーブルー　レモンイエロー

カーマイン　ワインレッド　フューシャ　ショッキングピンク　ボルドー　ピーコックグリーン　フォレストグリーン　セルリアンブルー　ロイヤルブルー　ロイヤルパープル

Best Makeup Technique

凛としたツヤ肌+青みのカラーで メリハリのあるメイクに

アイメイク

アイシャドウは透明感のあるカラーを。洗練されたウィンターの印象に合うのはパープル系。遠心顔をカバーするため目頭に濃いめにのせて。下まぶたには馴染み色のアイシャドウをプラスして、頬の縦長な印象を縮めましょう。

リップ

カジュアルな色ではなく、しっかり発色するピンク系やレッド系を選ぶと、大人っぽい顔に映えます。リップラインをきちんと取るのもメリハリが出ておすすめ。リップをポイントにしたメイクでも浮かずにまとまります。

ベースメイク

きちんと感のあるセミマット〜ツヤ肌に仕上げて。ピンクオークル系などを選びましょう。ツヤをなくすと厚ぼったく見えるので、もとの肌を生かすシルバーやブルー系のハイライトでツヤを足して。

チーク

派手になるからチークは入れない、という人もいますが、間延びして見えやすい頬をカバーするためには、薄く入れるのがおすすめ。ローズ系やピンク系をふんわりと。顔が広がって見えないよう頬骨の外側には入れすぎないで。

[縦長×遠心×ウィンタータイプ]

♡ Pick Up Item ♡

for Eye

上品に仕上がる大人カラー

リンメル ショコラスウィート アイズ 013

立体的なグラデーションが簡単に作れて、目を自然に大きく見せてくれるアイシャドウパレット。013は、上品に仕上がる、大人のツヤめくローズブラウンです。¥1600／リンメル

for Base

色むらをきれいにカバーしてツヤ肌に

シュウ ウエムラ アンリミテッド ラスティングクッション 463

シミや赤みなどの色むらを整えて美しいツヤ肌に仕上げてくれるファンデーション。汗や皮脂にも強い優れもの。463は、肌馴染みのよいピンク系です。¥6000（セット価格）／シュウ ウエムラ

for Lip

肌を明るく見せるディープレッド

DAZZSHOP ルージュザフュージョニスト 10

濃密なテクスチャーと発色のよさが魅力のリップ。10は青みの強いディープレッドです。肌に明るさと透明感を与え、ツヤが長時間持続します。¥3000／DAZZSHOP

for Cheek

上気したような頬に仕上がる

キャンメイク パウダーチークス PW38

使いやすい色がそろうキャンメイクのパウダーチーク。PW38は上気したような頬を演出するプラムカラー。たっぷりブラシに含ませてふわっと仕上げるのが◎。¥550／井田ラボラトリーズ

Best Fashion

コントラストをきかせたコーディネートに！

オフィシャル

ON Style

ロイヤルブルー　ブラック　シルバー

**寒色アイテムが顔まわりにあると
きりっとシャープな印象に**

青みが強くはっきりとした鮮やかなカラーをトップスにすると素敵。大人顔なのでクールテイストのデザインやスーツなどが似合います。アクセサリーでシルバーやプラチナの輝きをプラスして、シャープさを印象づけて。

**高級感のあるアイテムを選んで
大人な印象を打ち出して**

大人顔＆ウインターは服にもメリハリが必要なタイプ。濃い色を顔の近くに投入すればOKです。はおりものとボトムスでコントラストをつけ、バッグや靴をきれいめにすると、カジュアルすぎずしっくりきます。

プライベート

OFF Style

ロイヤルパープル　シルバーグレイ　ホワイト

[type] D 縦長 × 求心 タイプ

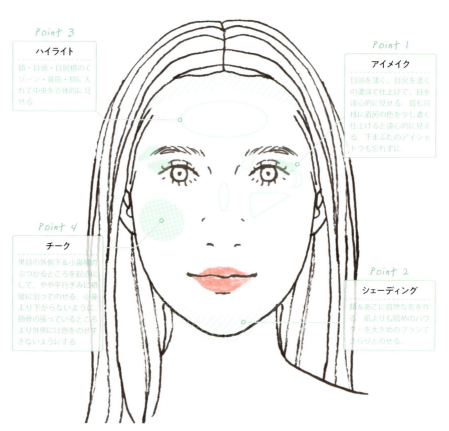

縦幅をカバーしながらパーツを遠心に寄せるメイク

クール＆美人な印象で、大人要素の強い、縦長×求心タイプ。しっかり濃い色をのせたメイクが似合います。バランスよく見せるには、縦幅が間延びしないようカバーしながら、パーツが窮屈に見えないよう遠心に寄せるメイクに。ベースメイクは、きちんとメイクしてる感が出るように仕上げると大人っぽさとうまくマッチします。アイメイクは、目頭を薄めに目尻を濃いめにして遠心に寄せ、ツヤ感を足すと◎です。

縦長×求心 タイプ

美人度upのコツ

❶

頬の長さを短く見せたいなら

頬の長さを短く見せたいなら、下まぶたのアイシャドウ＆マスカラ＆チークが必須！　下まぶたにアイシャドウをのせると目の重心を下に下げることができます(マスカラも同様)。加えて、チークをのせると頬が短く見えるので、一気に小顔効果も！

❷

もう少し面長をカバーしたいなら

眉尻を少し長めにすると、顔の正面（横幅）が広く見え、縦の長さを緩和させることができます。目安は、小鼻と目尻を結ぶ線より２～3㎜程度外側！　高さを出さず、なだらかな眉にするとより自然に面長を目立たなくできて、美人度がアップ。

❸

頬やあごをすっきりと見せたい

顔の下半分を引き締めてすっきり小顔に見せるには濃い色の口紅を。頬のスペースをきゅっと狭く見せて、立体的＆すっきりとした印象に。肌を明るく見せる効果もあります。反対にやわらかい色のリップは口元がふっくらと見えます。

縦長 × 求心

[type]

D　Spring　スプリングタイプ

華やかで明るい黄みがかった色をチョイス

大人の要素が強く、華やかで美人な印象の、縦長×求心×スプリングタイプ。黄みのある鮮やかでクリアな色を合わせると素敵です。

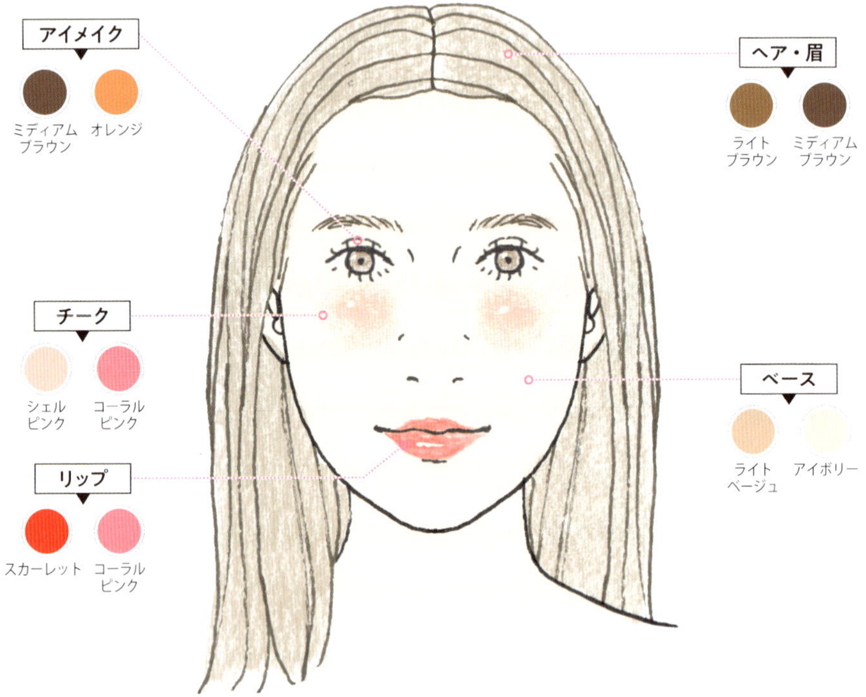

＊上記の色は肌にのせたとき、似合う色に発色する色を載せています。
そのためこの下の「Color Palette／似合う色」と違う場合があります。

Color Palette ／ 似合う色

アイボリー　ライトベージュ　サンド　キャメル　ライトブラウン　ミディアムブラウン　シャンパンゴールド　クリアネイビー　ターコイズブルー　バイオレット

スカーレット　コーラルレッド　シェルピンク　コーラルピンク　クリアオレンジ　オレンジ　クリームイエロー　カナリー　ブライトグリーン　エメラルドグリーン

Best Makeup Technique

明るくあたたかなカラーで いきいきと見える大人なメイクを

アイメイク

アイカラーはブラウンやキャメル系が◎。目尻側に濃い色をのせ、アイラインやマスカラも目尻にしっかりのせると、目の印象が遠心的に。下まぶたに馴染み色のアイシャドウを入れて、顔の縦長感をカバーして。

リップ

目線を下に誘導するとパーツの窮屈さがやわらぐので、リップをメインにしたメイクに。レッド系やコーラル系の、鮮やかでしっかり色みの出るタイプを。大人っぽさがあるので、リップがポイントのメイクがとても似合います。

ベースメイク

セミマット～ツヤ肌に仕上がる、メイク感の出るものを。オフィスコーデにもしっくりきます。色はベージュ系を選び、合わせるハイライトはゴールド系に。シェーディングを自然に入れて小顔に見せましょう。

チーク

顔の縦幅を目立たなくするために、黒目の外側下と小鼻横のぶつかるところから、頬骨に沿って平行ぎみに入れましょう。頬骨の張ったところより外側に入れると、顔が大きく見えるので適度に。肌馴染みのよいピンク系が◎。

Pick Up Item

for Eye

締め色におすすめの明るいマットブラウン

アディクション　ザ アイシャドウ 062

カラーバリエーションが豊富なシリーズ。062 はマットな仕上がりの明るいブラウン。目元を立体的に仕上げてくれます。締め色としてもおすすめ。¥2000 ／アディクション ビューティ

for Base

上品なセミマット肌に仕上がるベース

SHISEIDO シンクロスキン
セルフリフレッシングファンデーション 230

つけ立ての美しい肌をキープしてくれるリキッドファンデーション。肌にピタッと密着して汗や皮脂などによる化粧崩れを防ぎます。230 はベージュ系。セミマットな仕上がりに。¥6000 ／ SHISEIDO

for Lip

鮮やかでパキッとした黄みレッド

SHISEIDO ヴィジョナリー
ジェルリップスティック 221

色持ちと発色のよさが魅力のリップスティック。221 は、鮮やかでパキッとした黄みのレッド。肌色を明るく見せてくれる主役レッドです。パーティーにも◎。¥3600 ／ SHISEIDO

for Cheek

肌をきれいに見せるピーチベージュ

SUQQU ピュア カラー ブラッシュ 04

クリアでツヤめく SUQQU のチーク。04 は品のあるピーチベージュです。細かいパールが頬をツヤツヤに見せてくれて、自然な華やかさを与える美肌チーク。¥5500 ／ SUQQU

Best Fashion

明るく華やかさをアピールした大人スタイルを意識して

ミディアムブラウン　キャメル　スカーレット

かっちり華やかに決めると大人っぽさが際立ちます

明るく黄みがかったカラーをトップスに。大人顔なのでジャケットやブラウスとも相性がよいです。アクセサリーはキラキラとしたゴールド系を。濁りのある色はボトムスか小物に。全体の50%を明るい色にすると◎。

カジュアルスタイルもフェミニンな印象で攻めて

大人っぽく見える顔立ちには、上品なスタイルを。くすみのない、クリアではっきりとした色のワンピースやスカーフとも相性がよく、オシャレに着こなせます。足元を軽やかに見せるなら、キャメルやアイボリーを選んで。

バイオレット　キャメル　クリームイエロー

縦長×求心

[type]

D　Summer　サマータイプ

明るく青みがかった落ち着きのあるカラーが得意!

エレガントな雰囲気で大人っぽいのが、縦長×求心×サマータイプ。明るく青みがかった落ち着きのある色がベストマッチです。

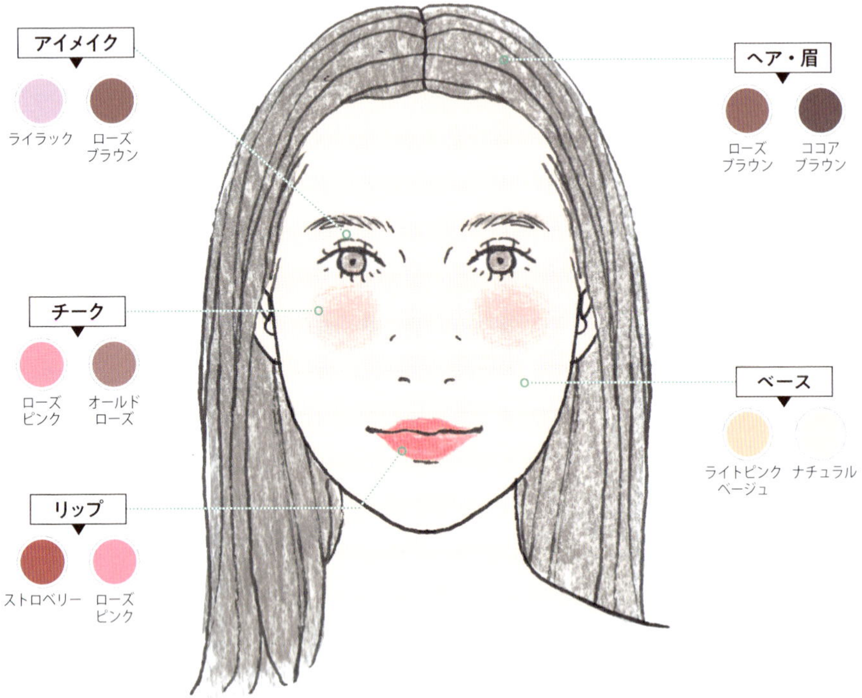

＊上記の色は肌にのせたとき、似合う色に発色する色を載せています。
そのためこの下の「Color Palette ／似合う色」と違う場合があります。

Color Palette ／ 似合う色

オフホワイト　ライトグレイ　ピンクベージュ　ローズベージュ　ローズブラウン　ココアブラウン　ブルーグレイ　ネイビー　スカイブルー　ライトレモンイエロー

ストロベリー　パステルピンク　ローズピンク　オールドローズ　ラベンダー　ライラック　モーブ　オーキッド　ミントグリーン　ターコイズグリーン

Best Makeup Technique

明るい青みのカラーでまとめた大人上品テイストのメイクに

アイメイク

ローズ系やパープル系を。目尻寄りに強めにアイカラーをのせ、アイラインも黒やグレーのリキッドで、目尻を強めにキリリと。これで外側に寄った印象に。下まぶたに肌馴染みのよいアイカラーをのせ、頬の長さをカバー。

リップ

明るく青みがかったカラーにすると、上品で透明感のある印象に。ローズ系やレッド系の、しっかりと色がつくカラーがgoodです。大人めの顔立ちなので、リップブラシで口角をきちんと取って塗るのも似合います。

ベースメイク

大人っぽく落ち着きがあるので、きちんとした印象のあるベースメイクでマシュマロ肌に仕上げて。赤みカバーには黄みの少ないベージュを。ピンクベージュも似合います。ハイライトはシルバーやラベンダー、ピンク系が◎。

チーク

頬骨に沿って平行ぎみにチークをオン。顔が広がって見えないよう、頬骨の張っているところまでに、ピンク系やローズ系のスモーキーカラーを入れましょう。大きめのチークブラシでふわっと優しく馴染ませると◎です。

[縦長 × 求心 × サマータイプ]

♡ Pick Up Item ♡

for Eye

青みのカラーが豊富な贅沢パレット

ディオール バックステージ アイ パレット 002

プライマー・アイシャドウ・ハイライト・ライナーが入ったアイパレット。バリエーション豊かなカラーを楽しめる贅沢なアイテムです。¥5500 ／パルファン・クリスチャン・ディオール

for Base

程よいカバー力と潤いが魅力のベース

カバーマーク 〈ジャスミーカラー〉エッセンス ファンデーション BP20

しっとりとしたなめらかなテクスチャーで肌を包み込むクリームファンデーション。BP20 はピンク系。気になる色むらもきちんとカバーして上品な肌に仕上がります。¥5000 ／カバーマーク

for Lip

きれいに色づく上品なローズピンク

kiss スライドルージュ 05

片手でさっと簡単に使えるスライド式ルージュ。しっかりと発色してきれいに色づきます。05 は、上品なローズピンク。色持ちもよく優秀な 1 本です。¥1800 ／ KISSME（伊勢半）

for Cheek

肌に溶け込むソフトな青みピンク

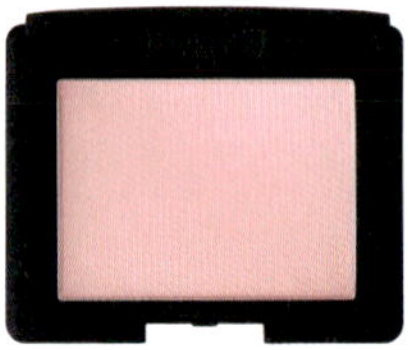

NARS ブラッシュ 4062

キメ細かい粉質で肌にきれいに馴染むチーク。4062 はソフトな青みピンク。落ち着きあるカラーで優しく色づくのでリップを主役にしたい日のチークにも最適です。¥3700 ／ NARS JAPAN

Best Fashion

やわらかい色×シックな色で上品さを際立たせましょう

オフィシャル

ON Style

ライトグレイ
オーキッド
モーブ

青みカラーでフェミニンさを存分に生かすコーデに

トップスに選ぶ青みカラーは優しい色みに。大人めアイテムが似合うので、フェミニンなものを選んでみて。アクセサリーはシルバーかプラチナを。多色使いが派手にならずにまとまるので、バッグや靴で色を差しても OK です。

大人顔×サマータイプなら主役は落ち着いたカラー

シックなカラーを、トップスなどで顔まわりにもってくると、大人っぽい顔立ちにマッチします。柄を選ぶならコントラストの強くないものがおすすめです。ソフトなカラーのアイテムがぼやけず、オシャレなコーデに。

プライベート

OFF Style

スカイブルー
オールドローズ
ライトグレイ

縦長×求心

[type]

D Autumn オータムタイプ

こっくり濃い黄みカラーがオシャレに決まる

大人の要素が強く、華やかでリッチな印象なのが、縦長×求心×オータムタイプ。深みのあるこっくりとした黄みのカラーが得意です♪

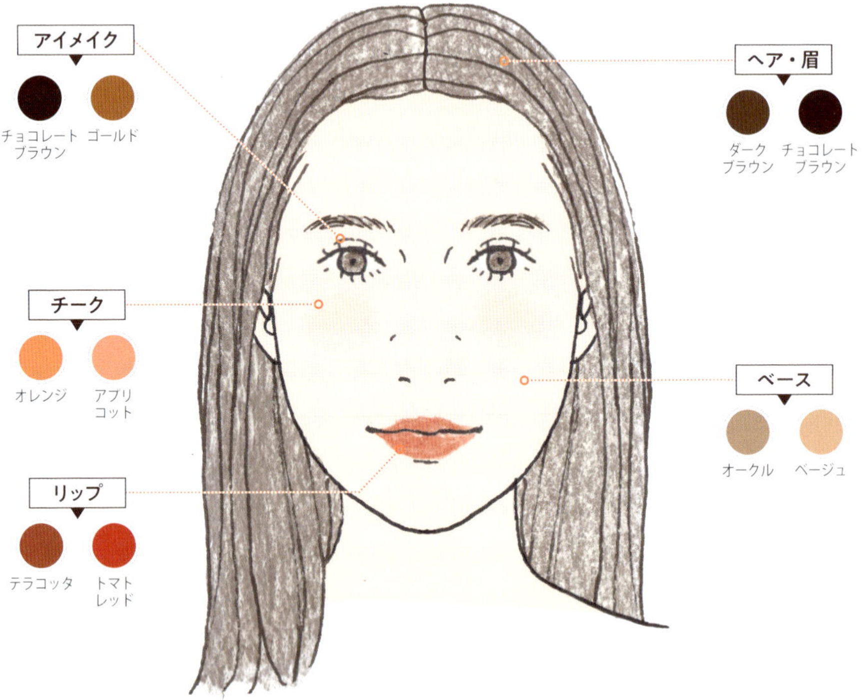

＊上記の色は肌にのせたとき、似合う色に発色する色を載せています。
そのためこの下の「Color Palette ／似合う色」と違う場合があります。

Color Palette ／ 似合う色

エクリュ　ベージュ　キャメル　ダークブラウン　チョコレートブラウン　ゴールド　グレープ　ダックブルー　インクブルー　サフランイエロー

トマトレッド　サーモンピンク　アプリコット　オレンジ　キャロット　テラコッタ　マスタード　カーキ　モスグリーン　オリーブグリーン

Best Makeup Technique

深みのある色を味方につけて抜け感をプラスして仕上げる

アイメイク

華やかなゴールド系やブラウン系が◎。遠心的に見えるよう、目尻側に濃い色をオン。アイライン、マスカラも目尻重視でのせます。頬の長さを目くらましするために、下まぶたに肌馴染みのよい色をのせてみましょう。

リップ

大人顔なので中途半端なカラーよりも、濃くてはっきりとしたレッド系やブラウン系がぴったり。口元に主張のある、ゴージャスな雰囲気のメイクが似合います。ツヤもマットも両方マッチする、メイク幅の広いタイプです。

ベースメイク

パーツにメリハリがあるので、きちんと大人っぽく仕上げるとうまくいきます。ベージュ系を選び、ハイライトはゴールド系の輝きを。縦長を抑えるために肌よりワントーン暗いシェーディングを、耳下からあごにほんのり入れて。

チーク

黒目外側下から平行ぎみにのせ、頬骨の出ているところより外側にはのせすぎないように。小鼻より下がらないのがバランスよく見せるコツ。オレンジ系やベージュ系を、ブラシでふわっと主張させない程度にのせて。

［ 縦長×求心×オータムタイプ ］

♡ Pick Up Item ♡

for Eye

ゴールドパールが輝くブラウン

アディクション　ザ アイシャドウ 070

カラーバリエーションが豊富なアディクションのアイシャドウ。070は、ゴールドパールが輝く黄みの強いブラウンで1つもっておくと便利なアイシャドウ。¥2000／アディクション ビューティ

for Base

セミマットに仕上がるカバー力抜群のベース

ボビイ ブラウン スキン ロングウェア ウェイトレス ファンデーション SPF15（PA++）3.5

セミマットな仕上がりが長時間続き、重ねづけしてもヨレにくい仕上がりのファンデーション。3.5のウォームベージュは黄みの強いベージュ系です。カバー力も◎。¥6000／ボビイ ブラウン

for Lip

華やかに仕上がるリッチな赤

アルビオン エクシア AL プライム ルージュ RD303

しっかりとした発色となめらかにのび広がる塗り心地が魅力の口紅。RD303は華やかに仕上がるリッチな赤。洗練された大人メイクにぴったりです。¥6000／アルビオン

for Cheek

やわらかな頬を作る黄みピンク

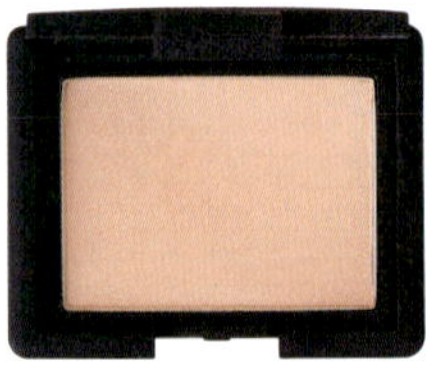

NARS ブラッシュ 4026

キメ細かい粉質で肌にきれいに馴染むチーク。4026はソフトな黄みピンクで、リップを主役にする日のチークとしてもおすすめです。シーンを選ばず使えて◎。￥3700／NARS JAPAN

Best Fashion

リッチな持ち味を生かすこっくりコーディネート

オフィシャル

ON Style

トマトレッド　ダークブラウン　ベージュ

深い色を2色使って グッと大人、きちんときれい

こっくりとした黄みの強いカラーを顔まわりに。大人めなジャケットはベストマッチです。深みのある色同士を合わせても、負けない存在感のあるタイプなので、リッチな色合わせを楽しんで。大ぶりのゴールドアクセサリーも似合います。

カジュアルダウンしすぎずに 大人っぽいデザインでまとめて

リッチな素材感のものや、大人っぽい印象のものを選んで。シンプルだけど高級感のあるアイテムが似合います。すべてをカジュアルにすると、顔だけ浮いて、手抜きに見えるので要注意です。深い色×暖色は、いいバランス。

プライベート

OFF Style

キャメル　ダックブルー　チョコレートブラウン

縦長 × 求心

[type]

D Winter ウィンタータイプ

鮮やか&コントラストがきいた青みカラーが◎

大人の要素が強く、クールで美人な印象なのが、縦長×求心×ウィンタータイプ。クリアな青み色の、女性らしくコントラストのあるものがマッチ。

アイメイク
ボルドー　シルバー

ヘア・眉
ワインレッド　ブラック

チーク
カーマイン　フューシャ

ベース
ナチュラル　ピンクオークル

リップ
ボルドー　カーマイン

＊上記の色は肌にのせたとき、似合う色に発色する色を載せています。
そのためこの下の「Color Palette ／似合う色」と違う場合があります。

Color Palette ／ 似合う色

ホワイト　シルバーグレイ　チャコールグレイ　ネイビーブルー　ブラック　シルバー　アイシーピンク　アイシーパープル　アイシーブルー　レモンイエロー

カーマイン　ワインレッド　フューシャ　ショッキングピンク　ボルドー　ピーコックグリーン　フォレストグリーン　セルリアンブルー　ロイヤルブルー　ロイヤルパープル

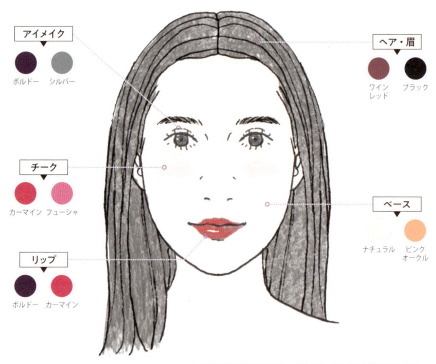

Best Makeup Technique

青みのきいたカラーで肌に透明感を！目元はふんわり、 濃くしないで

アイメイク

強い目元なので、薄い色みで抜け感を出して。シルバーパールの入ったクリアな色が◎。遠心寄りに見えるよう、目尻側にも色をのせ、アイラインとマスカラも目尻を強めに。下まぶたに肌馴染みのよいアイシャドウをのせて完成。

リップ

大人っぽさを生かして、リップが強いメイクに。他のタイプには難しい、深い赤系やしっかり発色の青みピンク系もお似合い。リップを先に塗ってからメイクすると、他が薄めに調整しやすく、バランスがとれます。

ベースメイク

ツヤ肌〜セミマットに仕上げて、大人っぽい顔に似合う上品テイストに。ピンクオークル系などがベストカラー。シルバーやブルーの光を放つハイライトも◎。しっかりとメリハリのある大人顔になります。

チーク

濃くすると派手な印象になってしまうので、ウィンタータイプに合うローズ系やピンク系をふんわり入れます。小鼻より下に入れないように。黒目の外側下からこめかみへ向かって平行ぎみに入れると◎。

[縦長×求心×ウィンタータイプ]

♡ Pick Up Item ♡

for Eye

オシャレなパープルを目元に忍ばせて

セルヴォーク シュアネスアイライナー リキッド C 01

するりと描きやすいリキッドアイライナー。パープルを忍ばせると、それだけで洗練された目元に仕上がります。派手になりすぎず使いやすいカラー。¥2800／セルヴォーク

for Base

ハイライトを仕込んだようなメリハリのある肌に

イヴ・サンローラン ラディアント タッチ ルクッション　B10

カスタマイズできるカバー力とツヤが魅力。ハイライトを仕込んだようなメリハリのある顔に。大人の肌が元気に見えるアイテム。¥7500（セット価格）／イヴ・サンローラン・ボーテ

for Lip

ドレスのように美しくキュートに発色

ヴィセ アヴァン マルチスティックカラー 008

パール感がなくギラつかない発色。青みピンクでも色っぽすぎることなく、大人可愛い色です。指で取ってぼかせば頬や目元にも使えるマルチアイテム。￥1800（編集部調べ）／コーセー

for Cheek

頬に美しいツヤを与えるハイライトチーク

SHISEIDO インナーグロウ チークパウダー 10

チークとしてもハイライトとしても使えるアイテム。10 はブルーパール×ほんのりピンクで透明感のあふれる頬に。きれいなツヤが長時間続きます。¥4000／SHISEIDO

Best Fashion

すっきり×はっきりのメリハリを大切に！

オフィシャル

ON Style

セルリアンブルー　ブラック　ホワイト

シャープな雰囲気の通勤服で大人のエレガントさをアピール

はっきりカラーの上品なカットソーをトップスに。きれいめニットとプリーツ入りパンツなど、気取った組み合わせもハマります。アクセサリーはシルバーやプラチナを選び、全身の色みは３色程度でおさめるのがコツ。

クールでシンプルな印象のきれいめカジュアルがお似合い

無彩色でも決まりやすいタイプなので、全身白もオシャレ。存在感があるので、キラキラのラメ糸入りニットや、光沢感のあるバッグなど輝きのあるものも、バッチリ着こなせます。鮮やかな色でアクセントを入れるのも◎。

プライベート

OFF Style

シルバーグレイ　ホワイト　フューシャ

Spring, Summer, Autumn, Winter

パーソナルカラータイプ別
♡ コスメ早見表 ♡

Spring
タイプ

FEMMUE　エバーグロウクッション
ナチュラルベージュ SPF23 PA++

素肌を生かして明るいツヤ肌に仕上げます。スキンケア効果も◎。￥4600／アリエルトレーディング

イプサ　リテクスチャリング
ファウンデイション　101

光で毛穴を補整。透明感とツヤで素肌の美しさを際立てるファンデーション。
￥4500／イプサ

ルナソル グロウイングウォータリーオイルリクイド 02 Natural

肌にたっぷりのツヤを。テクニックいらずで内側から輝くみずみずしい肌に。
￥5000／カネボウ化粧品

for Base
[ベースメイク]

キャンメイク
ハイライター 06

大小のパールがキラめくハイライト。06は肌馴染みのよいゴールドパール入り。
￥550／井田ラボラトリーズ

SHISEIDO シンクロスキン セルフ
リフレッシング ファンデーション 230

ツヤがあるのにきちんと感のある仕上がり。汗や皮脂にも強いタイプです。
￥6000／SHISEIDO

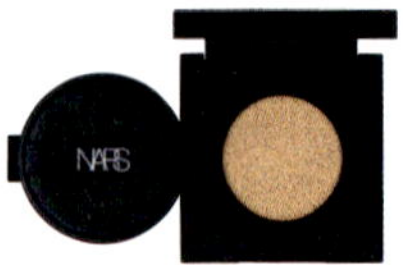

NARS ナチュラルラディアント
ロングウェア クッション
ファンデーション 5878

カバー力が高く、ツヤのあるナチュラルな仕上がりがキープできます。￥6300（セット価格）／NARS JAPAN

16タイプ別のおすすめコスメのほかに、カラータイプ別で似合うコスメを
パパッと調べたい！　という人のために。
Spring、Summer、Autumn、Winterのカラータイプだけで引ける
早見表を作りました。
顔型にかかわらず、色だけで選びたいときはここを見ると便利です！

kiss デュアルアイズ B 03

肌馴染みがよく、明るく可愛い色みです。自然な輝きで透明感のある仕上がりに。¥1100／KISSME（伊勢半）

ルナソル オーロライズアイズ 02

ブラウンをベースに、スプリングタイプにぴったりの明るく可愛い色がセット。¥5000／カネボウ化粧品

オルビス ツイングラデーションアイカラー スタイリングベージュ

シアーでふわっと軽い色づきなので、カジュアルな印象に。キラめくパール入りです。¥1000／オルビス

for Eye
［アイメイク］

ラブ・ライナー リキッド ダークブラウン

繊細なラインを自在に描ける筆ペンタイプ。自然に目を大きく見せてくれるブラウンです。¥1600／msh

アディクション ザ アイシャドウ 062

マットな質感の明るいブラウン。締め色としても便利です。¥2000／アディクション ビューティ

マキアージュ ドラマティックスタイリングアイズ BE303

大人っぽい印象に。立体感のある目元を演出します。¥2800（編集部調べ）／資生堂

Spring
タイプ
COSMETIC CHART

ルナソル カラーリング
クレヨン 02
リップやアイにも使えて、元気に見えるカラー。のびとフィット感も◎です。¥3000／カネボウ化粧品

ヴィセ リシェ　リップ&
チーククリーム N PK-4
血色感を演出するクリアなカラーは、スプリングタイプのマストハブ！　¥1000（編集部調べ）／コーセー

セザンヌ ナチュラル チークN
10
オレンジ系でゴールドパール入りは鉄板。いきいきした印象の頬に。¥360／セザンヌ化粧品

for Cheek
［チーク］

イプサ　デザイニング　フェイス
カラーパレット　102PK
ナチュラルな陰影を引き出す素肌色×血色感の組み合わせが秀逸なパレットです。¥5800／イプサ

SUQQU ピュア カラー
ブラッシュ 04
ツヤがあり品もある王道の美人カラー。自然な立体感を演出します。¥5500／SUQQU

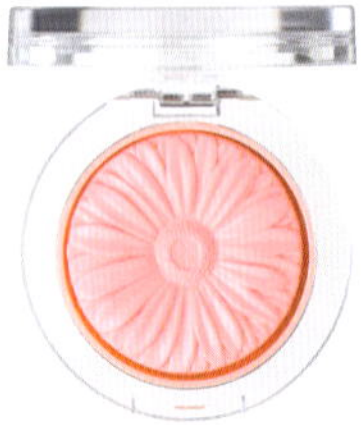

クリニーク
チーク ポップ 08
しっとりした粉質で、心地よくフィット。明るくクリアな発色です。¥3300／クリニーク

メディア ブライトアップ ルージュ OR-01

顔を明るく見せる、クリアなオレンジリップ。クリーミーな塗り心地も魅力。¥1100／カネボウ化粧品

イヴ・サンローラン　ヴォリュプテ　ティントインバーム 8

明るくクリアなオレンジでピュアな唇に。潤いも与えてくれます。¥4300／イヴ・サンローラン・ボーテ

ちふれ 口紅（詰替用）418

明るくナチュラルに色づくオレンジです。唇にもなめらかにのびてしっとり潤います。¥350／ちふれ化粧品

for Lip
[リップ]

SHISEIDO ヴィジョナリージェル リップスティック 221

発色のよい鮮やかでパキッとした黄みの赤。華やかな唇に仕上がります。¥3600／SHISEIDO

ローラ メルシエ　ルージュ エッセンシャル シルキー クリーム リップスティック　03

好感度抜群のピンク系。なめらかな塗り心地と発色のよさが魅力です。¥3600／ローラ メルシエ ジャパン

イヴ・サンローラン　ヴォリュプテ　プランプインカラー 4

発色がよくツヤもたっぷりのコーラル。色持ちのよさも◎。¥4300／イヴ・サンローラン・ボーテ

Summer
タイプ

ルナソル コントゥアリング
スティック 01

練りタイプで自然に仕上がるシェーディングスティック。黄み少なめのベージュ系。¥3000／カネボウ化粧品

ナチュラグラッセ スキントリートメント ファンデーション　PB2

明るいピンクベージュ系。肌に潤いを与えてくれるファンデーションです。¥4000／ネイチャーズウェイ

RMK リクイドファンデーション
201

素肌を生かしながら透明感のある仕上がりに。肌に軽やかにフィットします。¥4500／RMK Division

for Base
[ベースメイク]

キャンメイク
シェーディングパウダー 4

簡単に自然な影を作ることのできる、グレイッシュカラーのシェーディング。¥680／井田ラボラトリーズ

カバーマーク 〈ジャスミーカラー〉
エッセンス ファンデーション BP20

セミマットに仕上がるピンク系。しっとりと肌を包み込みます。¥5000／カバーマーク

アルビオン
パウダレスト 030

肌とよく馴染み、色むらをカバー。030はピンクベージュ系。¥5000（ケース込み）／アルビオン

16タイプ別のおすすめコスメのほかに、カラータイプ別で似合うコスメを
パパッと調べたい！　という人のために。
Spring、Summer、Autumn、Winterのカラータイプだけで引ける
早見表を作りました。
顔型にかかわらず、色だけで選びたいときはここを見ると便利です！

ジルスチュアート　アイコニックルックアイシャドウ　C202

クリームタイプのシアーなブルー。透明感のある目元を演出します。¥2200／ジルスチュアート ビューティ

ヴィセ アヴァン　シングルアイカラー クリーミィ 104

シアーなココアブラウン。単色でも重ねても使えるクリームアイカラー。¥800（編集部調べ）／コーセー

オルビス シャインカルテットアイズ パープルトーン

上品なパープル系。明るめのグラデーションが作れます。自然かつ立体感のある目元に。¥2000／オルビス

for Eye
［アイメイク］

NARS
デュオアイシャドー 3927

落ち着きあるマットピンクとラベンダーの組み合わせ。上品な目元に仕上がります。¥4200／NARS JAPAN

ディオール バックステージ アイ パレット 002

９つのカラーを贅沢に楽しめるパレット。¥5500／パルファン・クリスチャン・ディオール

エクセル　リアルクローズシャドウ　CS04

女性らしさを叶えるシアーなプラムピンク。まぶたに立体感と透明感を与えます。¥1500／常盤薬品工業

Summer
タイプ
COSMETIC CHART

クラランス グロー 2 ゴーデュオ
コントアスティック　1
ピンク×ラベンダー。マルチに使えるスティック状のチーク＆フェイスカラーです。¥3800／クラランス

レ・メルヴェイユーズ ラデュレ
プレストチークカラー N 01
軽やかな質感のパウダーチーク。優しく色づく青みピンクです。¥5300／レ・メルヴェイユーズ ラデュレ

SHISEIDO インナーグロウ
チークパウダー 04
自然な血色感を演出するソフトピンク。優しい発色でふわりと色づきます。¥4000／SHISEIDO

for Cheek
［チーク］

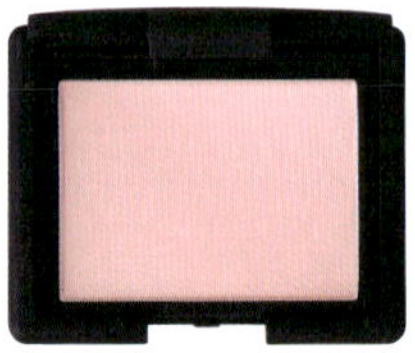

SUQQU ピュア カラー
ブラッシュ 06
繊細なパールで肌をきれいに見せる青みピンク。自然な立体感と血色感を与えてくれます。¥5500／SUQQU

NARS ブラッシュ
4062
落ち着きあるソフトな青みピンク。肌にも溶け込むように馴染みます。¥3700／NARS JAPAN

クリニーク
チーク ポップ 15
透明感を演出する青みのピンク。濃淡の調整もしやすく使いやすいカラーです。¥3300／クリニーク

リンメル　ラスティング　フィニッシュ　オイルティントリップ 001

クリアでたっぷりとツヤめく青みピンク。ティントタイプで、色持ちのよさも抜群です。¥1500／リンメル

コフレドール　ピュアリーステイルージュ　RS-340

透け感のあるローズ。薄膜をまとったような軽やかな使用感です。￥2500（編集部調べ）／カネボウ化粧品

ジルスチュアート
リップブロッサム 42

上品な唇に仕上がるローズピンク。唇もたっぷりと潤います。¥2800／ジルスチュアート ビューティ

for Lip
［リップ］

イヴ・サンローラン　ルージュピュールクチュール　ザスリムシアーマット 109

マットな唇に仕上がるリップ。109は、エレガントなローズ。¥4300／イヴ・サンローラン・ボーテ

kiss
スライドルージュ 05

大人可愛いローズピンク。片手で使えるところも魅力のスライド式リップ。¥1800／KISSME（伊勢半）

コスメデコルテ ザ ルージュ
RD452

肌を明るく見せる青みレッド。なめらかな塗り心地で、みずみずしさを感じる唇に。¥3500／コスメデコルテ

Autumn
タイプ

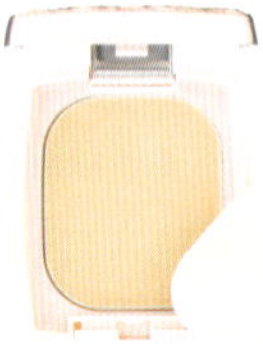

トワニー　モイストラッピングパクト ベージュC

柔湿肌に仕上がる黄みのしっかりしたベージュ系。¥6200（セット価格）／カネボウ化粧品（トワニー）

ディオールスキン フォーエヴァー クッション 2W

程よいセミマット肌に仕上がるファンデーション。¥7500／パルファン・クリスチャン・ディオール

ナチュラグラッセ モイストBBクリーム 03

ヘルシーなベージュ系のBBクリーム。肌の色むらを整え、なめらかな肌に。¥2800／ネイチャーズウェイ

for Base
［ベースメイク］

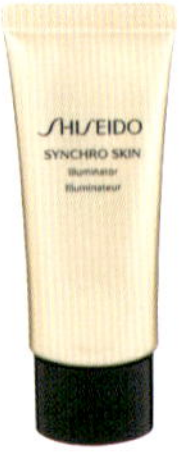

SHISEIDO シンクロスキン イルミネーター ピュアゴールド

頬や目元を輝かせるクリーム。メリハリのある肌になる華やかなゴールド。¥3800／SHISEIDO

ボビイ ブラウン スキン ロングウェア ウェイトレス ファンデーション SPF15（PA++）3.5

黄みの強いベージュ系。セミマット感が長く続き、ヨレにくい仕上がりです。¥6000／ボビイ ブラウン

ケイト パウダリースキンメイカー 03

黄みの強いベージュ系。色むらを整え、セミマットな肌を演出。¥1600（編集部調べ）／カネボウ化粧品

16タイプ別のおすすめコスメのほかに、カラータイプ別で似合うコスメを
パパッと調べたい！　という人のために。
Spring、Summer、Autumn、Winterのカラータイプだけで引ける
早見表を作りました。
顔型にかかわらず、色だけで選びたいときはここを見ると便利です！

**エトヴォス　ミネラル
アイバーム モカブラウン**
繊細なパールが輝くシアーなブラウンベージュ。まぶたも潤います。¥2500／エトヴォス

**セルヴォーク シュアネス
アイライナーペンシル 05**
アクセントカラーにもおすすめしたいブルーグリーン。目力と抜け感を演出。¥2800／セルヴォーク

**イプサ　デザイニング
アイシェード 14**
明るいベージュ×カーキ。軽やかな仕上がり。自然な立体感を演出します。¥2200／イプサ

for Eye
【アイメイク】

**ディーアップ　シルキーリキッドアイ
ライナー WP ブラウンブラック**
目の印象を強くするブラウンブラック。太いラインも細いラインも自由自在。¥1300／ディー・アップ

**アディクション
ザ アイシャドウ 070**
ゴールドパールが輝く、黄みの強いブラウン。まぶたの陰影を演出。¥2000／アディクション ビューティ

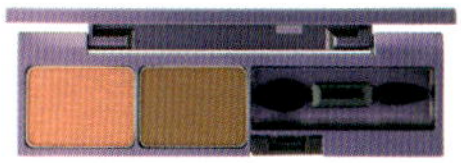

**POLA B.A カラーズ
アイパウダー 5**
深みあるウォームブラウン＆コーラルオレンジ。肌あたりのよい粉質も魅力。¥5000／ポーラ

Autumn
タイプ
COSMETIC CHART

SHISEIDO インナーグロウ チークパウダー 06

明るめのコーラルカラー。ON・OFF問わず使いやすい万能なチークです。¥4000／SHISEIDO

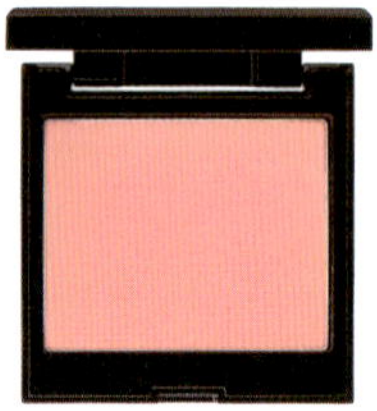

ローラ メルシエ　ブラッシュ カラー インフュージョン 02

マットな質感で頬に溶け込むピンク。繊細な粉質でふわりと色づきます。¥3500／ローラ メルシエ ジャパン

RMK インジーニアスパウダー チークス N 05

あたたかなコーラルで自然な血色感を演出。ピュアな発色で肌馴染みのよさも魅力。¥3000／RMK Division

for Cheek
[チーク]

ルナソル カラーリングシアーチークス 08 Beige Orange

肌馴染みのよい大人なオレンジベージュ。メリハリある立体顔に。¥5000（セット価格）／カネボウ化粧品

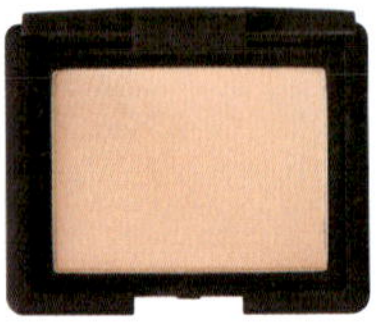

NARS ブラッシュ 4026

落ち着きある黄みピンク。リップを主役にする日のチークとしてもおすすめです。¥3700／NARS JAPAN

アディクション ザ ブラッシュ 018

自然な血色感を作ることができるオレンジ。肌をまろやかに包み込みます。¥2800／アディクションビューティ

**レブロン
バーム ステイン 045**

透け感のある黄みの赤で使いやすさ抜群のカラー。軽いつけ心地で唇も潤います。¥1200／レブロン

**メディア ブライトアップ
ルージュ BR-01**

落ち着きあるブラウン。塗り心地のよさとツヤが魅力のリップスティックです。¥1100／カネボウ化粧品

**コスメデコルテ
ザ ルージュ BE857**

程よい発色の優しいオレンジベージュ。唇にもきれいに馴染んでしっとり心地よい。¥3500／コスメデコルテ

for Lip
［リップ］

**アルビオン エクシア AL
プライム ルージュ RD303**

華やかに仕上がるリッチな赤。唇にもなめらかにのび広がり、美しく彩ります。¥6000／アルビオン

**RMK リップスティック
コンフォート ブライトリッチ 10**

濃密なツヤを演出するリッチなブラウンです。発色、つけ心地のよさも魅力。¥3500／RMK Division

**kiss
スライドルージュ 09**

きれいに色づく大人ブラウン。つけたての仕上がりも長持ちします。¥1800／KISSME（伊勢半）

Winter
タイプ

ローラ メルシエ　シークレット コンシーラー 1

目元をいたわりながらクマや色むらをカバー。肌馴染みのよいピンク系。¥2600／ローラ メルシエ ジャパン

ヴィセ リシェ　ヌーディ フィットリキッド OC-410

ナチュラルに色づくオークル系。軽やかな使用感で毛穴や色むらをカバー。¥1400（編集部調べ）／コーセー

アディクション　ザ スキンケア ファンデーション 002

素肌の美しさを引き出す、ピンクベージュ系の薄づきファンデ。¥4500／アディクション ビューティ

for Base
［ベースメイク］

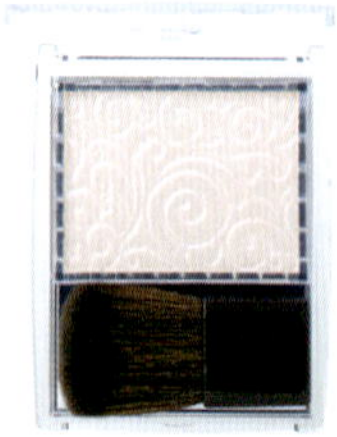

セザンヌ パールグロウハイライト 01シャンパンベージュ

高輝度のパール入りハイライト。肌を内側からツヤやかに見せてくれます。¥600／セザンヌ化粧品

イヴ・サンローラン ラディアント タッチ ルクッション B10

ハイライトを仕込んだような仕上がり。カバー力も◎。¥7500（セット価格）／イヴ・サンローラン・ボーテ

シュウ ウエムラ アンリミテッド ラスティングクッション 463

肌色を均一にしてツヤも与えるピンク系。汗や皮脂にも強い。¥6000（セット価格）／シュウ ウエムラ

16タイプ別のおすすめコスメのほかに、カラータイプ別で似合うコスメを
パパッと調べたい！　という人のために。
Spring、Summer、Autumn、Winterのカラータイプだけで引ける
早見表を作りました。
顔型にかかわらず、色だけで選びたいときはここを見ると便利です！

エレガンス　パーフェクト ブロウ パウダー WN50

洗練された立体眉を作るアイブロウ。WN50は、モーブ系のブラウン。¥4000／エレガンス コスメティックス

SUQQU トーン タッチ アイズ 15

シルバーパールやブルーパール入りのシアーなクリアブラック。ミステリアスな目元に。¥3700／SUQQU

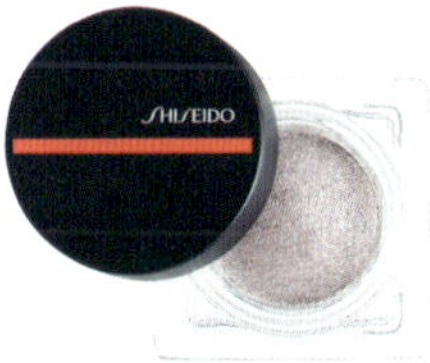

SHISEIDO オーラデュウプリズム 01

光が躍るようなシルバーパールがたっぷり。頬・唇にも使えます。¥3600／SHISEIDO

for Eye
【アイメイク】

マキアージュ ドラマティック スタイリングアイズ BR707

グラデーションで自然な立体感を出す、グレイッシュブラウン。¥2800（編集部調べ）／資生堂

セルヴォーク シェアネス アイライナー リキッド C

パープルを忍ばせて、洗練された目元を演出するリキッドアイライナー。¥2800／セルヴォーク

リンメル ショコラスウィート アイズ 013

立体的なグラデーションが作れるパレット。013は、上品なローズブラウンです。¥1600／リンメル

Winter
タイプ
COSMETIC CHART

ローラ メルシエ　ブラッシュ
カラー インフュージョン 03
ピンクパール×シアーに色づく青みピンク。優しい仕上がりに。¥3500／ローラ メルシエ ジャパン

SHISEIDO ミニマリスト ホイップ
パウダーブラッシュ Ayao/05
透明感を引き出す青みの赤。ふわりとした質感で肌に溶け込む絶妙チーク。¥4000／SHISEIDO

RMK インジーニアス
パウダーチークス N 01
ツヤめく青みピンクでキュートな頬に。やわらかな発色は見た目以上に使いやすい。¥3000／RMK Division

for Cheek
［チーク］

SHISEIDO インナーグロウ
チークパウダー 10
ブルーパール×ほんのりピンクで透明感あふれる頬に。ハイライトにも使用可。¥4000／SHISEIDO

NARS
ブラッシュ 4034
はっきりした鮮やかな青みのピンクです。繊細なパウダーで肌に美しく密着します。¥3700／NARS JAPAN

キャンメイク パウダーチークス
PW38
上気したような頬を演出するプラムカラー。肌の透明感を引き立ててくれます。¥550／井田ラボラトリーズ

オルビス ピュアルージュ リッチ プラムコンポート

見たままの発色で、唇を美しく彩るリップスティック。華やかなプラム系のカラー。¥1200／オルビス

イプサ　リップスティック S04

透け感のあるフューシャピンク。みずみずしい仕上がりとツヤが魅力のリップ。¥3200／イプサ

クレ・ド・ポー ボーテ ルージュルミヌ 12

上品なローズレッド。とろけるような質感でツヤのある唇に。¥5000／クレ・ド・ポー ボーテ

for Lip
［リップ］

ヴィセ アヴァン マルチスティックカラー 008

鮮やかな青みのピンク。チークとしてもアイカラーとしても使えます。¥1800（編集部調べ）／コーセー

DAZZSHOP ルージュ ザフュージョニスト 10

濃密なテクスチャーと発色のよさが魅力。10は、青みの強いディープレッドです。¥3000／DAZZSHOP

ローラ メルシエ ルージュ エッセンシャル シルキー クリーム リップスティック 07

深みのあるプラムブラウン。しっかりと色づくリップで大人な仕上がりに。¥3600／ローラ メルシエ ジャパン

あやんぬの＋αビューティー

もとの唇が紫・茶・黒っぽい人に
くすみ唇のカバーテク

雑誌でときめいたリップ、つけてみたら思った色に発色しないことってありますよね。口紅を塗ったときの色は、もとの唇の色×口紅の発色なので、もとの唇の色が暗いと暗く発色しやすいです。そんなときのリップ選びのコツを教えます。

❶ しっかり発色のリップを選ぶ

もとの色を隠せる、しっかり色がのるものを。もし、どうしても塗りたい明るめの色があるなら、リップ用コンシーラーやマットなベージュで唇の色をフラットにしてから塗るとイメージ通りに仕上がります。

❷ もとの唇の色を濃くしたような色 & 馴染む色を選ぶ

自分の唇の色を少し濃くした色みや、馴染む色みを選ぶと◎。白濁りしないクリアな赤系は、比較的使いやすくておすすめです。

唇のくすみは遺伝的な要因もあるといわれていますが、くすまないよう日頃からケアしておきたいもの。おすすめのケア方法はこちらです。

〇紫色っぽい唇…冷えが原因のことがあるので、唇を優しくマッサージしたり体を温める等、血行をよくしましょう。
〇茶、黒っぽい唇…日焼け、クレンジングの摩擦などによる色素沈着などが原因。スクラブで不要な角質を取り除いたり、ポイントメイクリムーバーを使ってこすらず落とす、保湿するなどを心がけて。

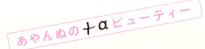

Chapter

4

Basic & Beauty

美容＆メイクの基礎知識

Q&A 付き

ここからは、メイクをするうえで欠かせない！
基本のスキンケアやベースメイク、ポイントメイクについて
ご紹介します。

1 スキンケア 編

スキンケアの基本についてご紹介します。ここでこっそりとおさらいして、素肌からきれいになりましょう。

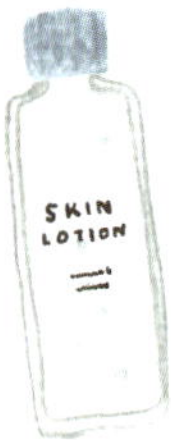

スキンケアの基本アイテム

1 クレンジング

形状はさまざまですが、その日のメイクや肌状態などに合わせて選びます。

オイル…洗浄力高めなので、しっかりメイクの日に。今は肌に優しいオイルが多く開発され、肌負担の少ないものもあります。

ジェル…クッション性があり、肌に摩擦の負担がかかりにくい。オイルフリーのマツエク OK タイプも多いです。

ミルク…洗浄力はやや弱めなので、ナチュラルメイクの日に。

クリーム…保湿力高め。乾燥やエイジングサインが気になる人に。

2 化粧水

毎日使うものだからこそ、使い心地や香りの好みで選んで。コットンでも手でつけていても、最後にハンドプレスで浸透させるのがコツ。手の体温で浸透が高まり、くすみもやわらぎます。私は３～４回重ねづけしています。

3 美容液

エイジングケア、美白ケアなど悩みに応じて投入するアイテム。潤いが行き渡った肌に使ってこそ、十分な効果を発揮できるので、化粧水などでの保湿ケアもしっかり行って。

4 乳液 or クリーム

肌の潤いを守る膜を作ってくれます。油分が苦手な人は T ゾーンを控えめにつけたり、さっぱりした感触のジェルタイプを選ぶなどして省かず使って。ニキビのできにくい、ノンコメドジェニックのタイプもあります。

5 日焼け止め

SPF 値・PA 値*が高すぎると肌の負担になることも。SPF 値を目安にすると、日常生活には 30 で十分。レジャーには 50 を。通勤通学以外はずっと屋内なら、SPF 値は 30 くらいに。窓などから入ってくる紫外線を防ぐために塗り直しは必要ですが、紫外線量の少ない 15 時以降に帰宅するなら、日焼け止め効果のあるパウダーを使うと便利。

＊SPF 値…肌を黒くする UVB（紫外線 B 波）を防ぐ指数。
PA 値…肌のハリ、弾力を奪う UVA（紫外線 A 波）を防ぐ指数。

How to Skincare

スキンケアのコツ

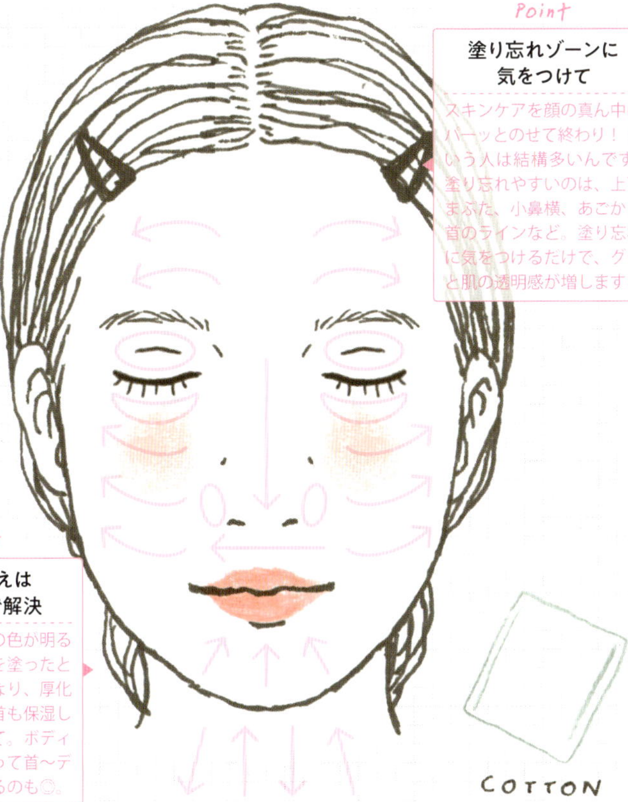

Point

塗り忘れゾーンに気をつけて

スキンケアを顔の真ん中にパーッとのせて終わり！という人は結構多いんです。塗り忘れやすいのは、上下まぶた、小鼻横、あごから首のラインなど。塗り忘れに気をつけるだけで、グッと肌の透明感が増しますよ。

Point

厚化粧見えは首の保湿で解決

首の色が暗く顔の色が明るいと、ファンデを塗ったとき色の差が気になり、厚化粧に見えます。首も保湿して透明感を保って。ボディオイルなどを使って首〜デコルテを保湿するのも◎。

スキンケアは内側から外側へ、矢印の方向に馴染ませて。マッサージ効果も得られ血色がよくなるはず。頬や、あごから首はたるみやすいので下から上へが〇。コットンを使う場合も同様です。スキンケアの前に首やデコルテをオイルなどでマッサージすると、さらに顔色がよくなるのでおすすめです。

[おすすめのスキンケアアイテム]

♡ Pick Up Skincare Item ♡

ドクターケイ
ケイカクテルVローション

美肌のもととなるビタミンがたっぷり入った化粧水。しっかり潤います。¥7000／ドクターケイ

リサージ
ミネラルソープ

天然のクレイが、毛穴汚れや不要な角質など、くすみの原因を優しくオフ。¥2300／カネボウ化粧品

ディセンシア
アヤナス　クレンジングクリーム
コンセントレート

肌の上でとろけて素早くメイクを落としてくれる。洗い上がりもしっとり。¥3500／ディセンシア

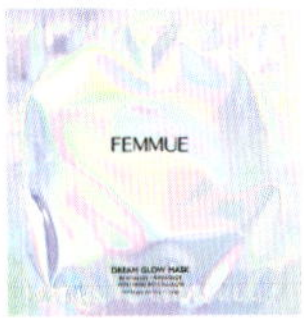

FEMMUE
RR ドリームグロウマスク
（キメ・透明感）

紫外線や乾燥によるくすみをケアするマスク。ネロリの香り。¥4200（6枚入）／アリエルトレーディング

ドクター津田コスメラボ
スキンバリアクリーム

たっぷりと潤いを与えて、刺激に負けない肌を目指すクリーム。¥8800／ドクター津田コスメラボ

HACCI
発酵液ミルク

内側からふっくら潤う肌を作る乳液。まろやかなミルクが優しく包みます。¥7800／HACCI

首＆デコルテに

メルヴィータ
リラクセサンス　マッサージオイル

潤いを与えながら、コリや疲れをほぐしてくれます。¥4400／メルヴィータジャポン

POLA B.A プロテクター

スキンケアのように心地よい使用感の日焼け止め。白浮きせず肌に馴染みます。 ¥11000／ポーラ

ラピスラズリ
LL オールインワンセラム

肌にたっぷり潤いを与えるオールインワン美容液。多忙な日の味方です。¥4150／ラピスラズリ

2 ベースメイク編

肌の色むらを整え美しく見せてくれるベースメイク。
ベースメイクアイテムそれぞれの役割と選び方のポイントをご紹介します。

ベースメイクの基本アイテム

1 化粧下地

肌の色むらや凸凹を整えて、次に使うファンデーションをきれいに密着させる役割があります。

選び方のポイント

肌質やなりたい仕上がり・肌悩みで選ぶと◎。

例
- 肌の乾燥が気になる➡保湿系がおすすめ
- 肌にツヤを出して立体感を出したい➡パール系がおすすめ
- ニキビ痕のクレーターや毛穴をカバーしたい
➡毛穴の凸凹を埋める下地がおすすめ

2 コントロールカラー

肌悩みに合わせて色で補整する役割をもつ。

選び方のポイント

肌悩みに合わせる＆元の肌色（色と明度）を意識するのがポイント

例
- イエロー➡赤みを補整。くすんだ肌色を整えて明るいオークル系に仕上げます。
- オレンジ➡くすみをカバーしながら、血色を UP。目の下の青グマにも効果的。
- パープル➡黄ぐすみを飛ばして透明感を UP。肌色が暗めの方は白浮きしやすいので注意
- グリーン➡赤みを補整。肌の明るさを UP。肌色が暗めの方は白浮きしやすいので注意
- ピンク ➡肌に血色感を与えてふっくらと見せる。目の下の黒グマや複合的なクマのカバーに◎

3 コンシーラー

肌のシミやニキビ痕などをピンポイントでカバー。肌色を均一に整えます。

選び方のポイント

肌色よりも少し暗めのものを選ぶと◎。明るいと隠したい場所に馴染まず浮いて見えてしまいます。

のせ方のポイント

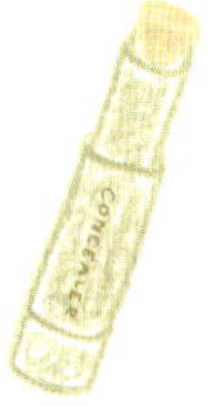

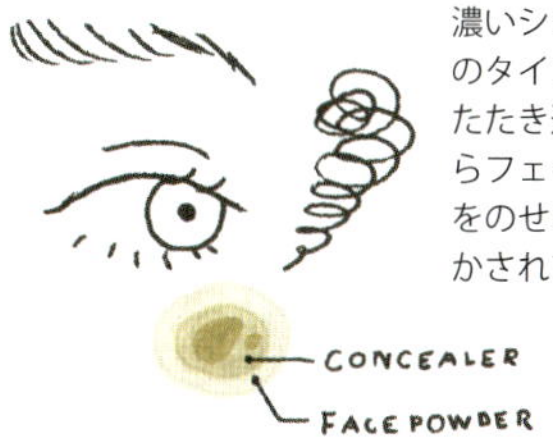

濃いシミにはかためのタイプをチップでたたき込んで。上からフェイスパウダーをのせると境目がぼかされて◎です。

4 ファンデーション

肌全体を美しく整えます。

選び方のポイント

首の色にも自然に馴染むよう、顔と首の間（フェイスラインやエラ）に色をのせて、自然に仕上がるものを見つけましょう。肌色だけでなく、トーン（明るさ）も合わせるのがコツ。ファンデーションだけ見て選んでも、実際には日焼け止めや下地・フェイスパウダーなどと一緒に使うため、それらの影響で発色や質感が変わります。いつも使うアイテムと合わせて美しい仕上がりになるか、美容部員さんに相談して決めるとよいでしょう。

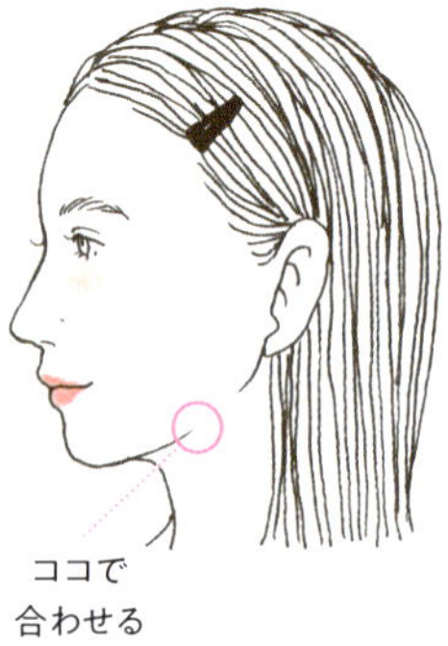

5 フェイスパウダー

メイク崩れを防ぎメイクを密着させます。

選び方のポイント なりたい仕上がりで選ぶと◎。色は肌色に影響が出にくい透明のものがおすすめです。ブラシで下から上に向かってふわっとのせると毛穴までしっかりと粉が入り、肌のキメも整います。

例
・ツヤっぽさ
➡パール系
・すりガラスのようなマシュマロ肌
➡マット系

6 ハイライト

肌にツヤと立体感を与えてくれます。

選び方のポイント 肌色に馴染む色を選ぶと内側からにじみ出るようなツヤのある仕上がりに。

例
・イエローベース➡ベージュ・ゴールド系
・ブルーベース➡ピンク・ブルー・シルバー・ラベンダー系

7 シェーディング

肌に陰影を作るアイテム。

選び方のポイント 肌色に馴染む色を選ぶと自然な影を演出します。

例
・イエローベース➡ベージュ・ブラウン系
・ブルーベース➡グレイッシュベージュ系（黄み少なめ）

How to Base Make

ベースメイクのコツ

Point

**輪郭はツヤなしで
小顔に見せる**

ツヤありファンデを輪郭にまでバッチリ厚くのせると、顔が膨張して大きく見えてしまいます。立体感があれば自然と小顔に見えるので、塗り足さずに側面に行くほど薄く塗ればOKです。

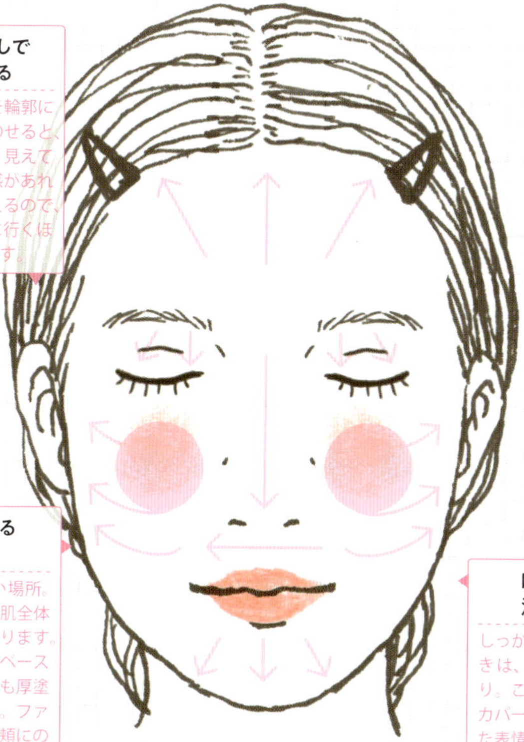

Point

**きれいを決める
三角ゾーン**

頬は顔の中でも広い場所。ここがきれいなら、肌全体がきれいな印象になります。頬には、少し多めにベースメイクがのっていても厚塗り感は出にくいもの。ファンデーションはまず頬にのせてから外側にのばすと、自然に仕上がります。

Point

**口元・小鼻で
清潔感アップ**

しっかり明るく仕上げるべきは、口元・小鼻のまわり。ここのくすみ、赤みをカバーすると、即洗練された表情になります。口元は特に、口角が上がって見え、幸せ顔になりますよ。

ベースメイクは矢印の方向に塗ります。毛穴は下を向いているため、額や頬は下から上に塗るとしっかり毛穴に入り、つるんとなめらかな仕上がりに。透明感が出ない人は、ファンデーションの量が多すぎるのかも。カバーしたい場所はコンシーラーを使ってピンポイントで隠し、ファンデーションはごく薄く、色むらを整える程度に塗れば、透明感もUPします。

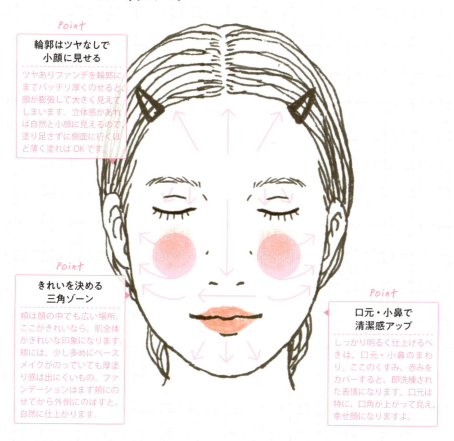

3 ポイントメイク編

なりたい自分を叶えてくれるポイントメイク。メイクアイテムの形状や質感、使うツールによって使い勝手や仕上がりが大きく変わります。ここでは、それぞれの役割と選び方のポイントをご紹介します。色はパーソナルカラーページをご参照ください。

ポイントメイクの基本アイテム

1 アイブロウ

顔の額縁ともいえる、眉を整えるアイテム。

選び方のポイント

瞳の色と髪の色の中間色を選ぶと◎。
色みはパーソナルカラーを参考に！

・スクリューブラシ
➡毛流れを整えるために欠かせないアイテム。とかしやすいものを。
・アイブロウペンシル
➡眉の輪郭を作るのに一番失敗しにくいのがペンシルです。
・アイブロウリキッド
➡１本１本、自眉が生えているみたいに描き足せます。
・アイブロウパウダー
➡眉に立体感を出すならパウダーが簡単。
・アイブロウマスカラ
➡元から生えている眉とアイブロウメイクを馴染ませ、自然に仕上げます。

2 アイシャドウ

まぶたに立体感や透明感を与えて印象的に。

選び方のポイント

ツヤっぽさ重視＆ベースにも使いたい
➡クリームタイプ
使いやすさ重視 ➡パウダータイプ

3 アイライン

目の輪郭を縁取り、目を大きく見せるのに不可欠。
まつげの際を埋めることで目力 UP の効果が。

選び方のポイント

ナチュラルに仕上げたい＆馴染みのよさを優先
➡ペンシルタイプ
太さを調整しやすい＆落ちにくさ重視なら
➡リキッドタイプ

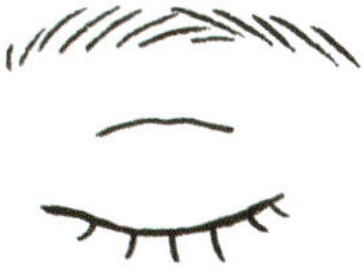

4 マスカラ

目を大きくパッチリと見せるためのアイテム。

選び方のポイント

例
- ・まばら＆細いまつげ➡ボリュームアップタイプ
- ・下向き＆下がりやすい➡カールアップタイプ
- ・短い➡ロングタイプ

落としやすさを重視するならお湯で落ちるフィルムタイプ、にじみにくさ重視ならウォータープルーフや皮脂に強いスマッジプルーフタイプを選ぶと◎。色はパーソナルカラーを参照してください。

5 チーク

肌に血色感を与えるアイテム。のせるときは、大きめのブラシでふわっとのせるとむらにならず、きれいに仕上がります。

選び方のポイント

例
- ・ツヤ重視＆仕込みチークにも使いたい➡クリームタイプ
- ・使いやすさ重視➡パウダータイプ

How to Lip Make

リップの塗り方

1

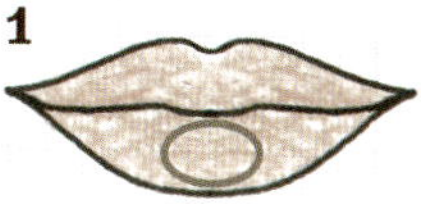

直接塗りもブラシ塗りも、下唇の中央に一度色をのせ、唇の印象がぼやけないようにします。ブラシで塗るときは、ブラシの面の部分がすべて唇に当たるよう寝かせて塗っていくのがコツ。

2

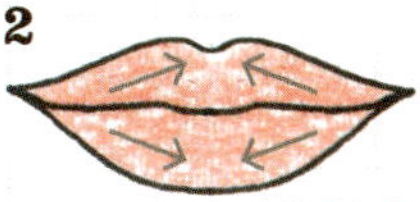

口角から中央に向かって塗ります。上唇の山をラフにせず輪郭をきちんと取り、最後に上下の口角を丁寧につなげると、きちんとした大人の唇に仕上がります。

6 リップ

手軽に印象チェンジできるアイテム。

選び方のポイント

例
- ・落ちにくさ重視
  ➡ティントタイプ・リキッドタイプ
- ・立体感＆ツヤ重視
  ➡リップグロス
- ・潤い重視＆落としやすさ重視
  ➡リップスティック

塗る前のひと手間

ファンデーションやコンシーラーで唇まわりの色むらを整えて。口角の下のくすみを飛ばすと、唇がキュッと上がって見えて、リフトアップ効果があります。

4 メイクブラシ編

メイクを完成させるうえで大切なメイクブラシ。その基本と選び方についてご紹介します。メイクブラシは、それぞれの用途に合ったものを選ぶことを意識してください。

選び方の基本

1 筆の長さ

・持ち手の長いブラシの特徴
➡持ち手は長いほうが余計な力も入りづらく安定。
・持ち手の短いブラシの特徴
➡持ち運びに便利。ポーチに入れて持ち運びをしたい人は、ショートブラシがおすすめ。

2 毛量

➡毛量の多いほうが粉がふわっとのり、自然な仕上がりに。ただ、チークブラシなどは毛量が多すぎるとのせすぎてしまうことも。自分の肌にフィットするものを選んでみてください。

3 洗い方

➡専用の洗浄料で洗うことをおすすめします。大切なのは、洗った後にきちんと乾かすこと。半乾きだと雑菌が繁殖したり、ブラシを留めている金具のところが傷んでしまったりします。パウダーブラシなら1か月使ったら洗うのが目安。使っていてブラシが膨らんできたり、メイクがのりにくいと感じたら洗いましょう。日頃からブラシを使ったら、毎回ティッシュで拭き取り、リキッド状のものを使ったブラシはすぐに洗うようにしてください。

1 コップとブラシと専用の洗浄料を用意。
2 ぬるま湯に専用の洗浄料を適量入れてブラシを優しくもみ洗い。
3 ぬるま湯ですすぐ。
4 清潔なタオルで水気を軽く拭き取り、陰干しで乾かす。洗濯物を干すハンガーを使うと便利。

おすすめブラシ

優しい肌あたりです。熊野筆 フェイスブラシ 7WM－PF01 ¥13000／アルティザン・アンド・アーティスト

困ったときのQ&A

パーソナルカラー診断や、メイクレッスンでよくいただくお悩みについてお答えします。

Q 顔が派手顔です。やわらかく見せるには？

A 目鼻立ちがはっきりしているタイプの人は、ポイントメイクで色をしっかり出すのは1点に絞り、あとはナチュラルに仕上げるのがおすすめです。たとえば、リップをメインにする日はアイシャドウやチークを優しく色づくものにしたり、アイメイクを強めにする日は、リップを透け感のあるものにしてみたり。他にも、濃いリップをナチュラルに仕上げたいときは、リップを内側から外側へグラデーションになるように塗ると、しっかりと塗るよりもやわらかい印象に。唇の内側にリップカラーをのせ、指やブラシで外側へ向かって馴染ませれば完成です。どこかに抜け感を出せば、派手にならずにカラーメイクが楽しめるはず。

Q マットなアイシャドウをうまく使うコツは？

A マットなアイシャドウの魅力は、発色がよく、しっかり陰影感を出してくれるところ。特に、一重や奥二重の人は、肌馴染みのよいマットアイシャドウをベースに使うと、まぶたがすっきりと見えるので1つ持っておくとよいでしょう。マットなものが似合いにくい、スプリングタイプとウィンタータイプの人がマットカラーを使うときは、アイホール全体ではなく、下まぶたや目の際だけに入れて。これで違和感なくオシャレな印象に。

Q 新しく買ったベースメイク、お店で試したときとなんか違う。どうして？

A 日焼け止め、下地、ファンデーション、パウダーなどがワンセットでベースメイク。お店でいつもと違うセットを試し、ファンデーションだけ買って帰ったとしたら、同じ仕上がりは再現しにくいのです。でも、一式買いそろえるのは難しいですよね。そこで、「いつもピンク系の下地を使っているんです」「今使ってるのは、パール感のあるパウダーなんです」など、一緒に使うアイテムの情報を具体的に伝えると、美容部員さんがおすすめを提案しやすくなります。「いつも使っているものが◯◯なら、暗めのファンデーションがいいですよ」など、希望の仕上がりになるアドバイスをもらえると思いますよ。

Q お店で、欲しい色がうまく伝わらないとき、どうしたらいい？

A 上段のベースメイクのお悩みと似ていますが、よくあるケースなんです。私も美容部員時代に、「ピンクのチークが欲しいんです」というお客様に似合いそうな色をお選びしても「私が欲しいピンクはこれじゃなくて…」となることがよくありました。思い描くピンクのイメージが違ってたんですよね。欲しい色みで、しかも似合う色みを教えてもらうにはどうしたらいいか、といえば「黄みがかったピンク」、「青みのあるピンク」、「あたたかいピンク」、「ブルーパールの含まれたピンク」など、具体的なイメージを伝えることです。見本となる切り抜きや写真を持っていくのもおすすめです。

Q 目元・チーク・リップの全体バランスがうまくいくコツは？

A 私が昔から学んできたことは、顔全体を100パーセントとしたときに、目元・チーク・リップのどこに一番重きを置くか考えてゴールをイメージしたあと、主張する順に色をのせていくとバランスがよく仕上がるということです。

たとえば、今日はリップをメインにしてアイメイクはほどほどにしたい…というときは、リップの主張を50%・アイメイクを30%・チークを20%、というように頭でイメージしながら、濃くしたいところから順にリップ↓アイメイク↓チークの順で仕上げると、失敗することなくバランスよく仕上がります。あとは、日頃から素敵だなと思うメイクを切り取ってビジュアルブックを作っておくのも◎。自然とメイクのバランスをつかめるようになります。

Q おすすめの唇のくすみケアは？

A 唇は皮脂腺もなく角層も薄いデリケートなパーツ。

唇のくすみの原因は①乾燥②日焼け③摩擦による色素沈着④冷えなどが考えられます。潤いを与えることと外的な刺激（乾燥や紫外線・摩擦）から唇を守るのがポイント。油分の多いリップバームやリップクリームで唇の保護をしつつ、日中はUVカット効果のあるリップを使うのがおすすめ。唇を軽くマッサージするのも血色がよくなるので◎です。

Q 頬をふっくらと見せるには？

A 目の横や頬下などに影があると、疲れて見えたり、老け見えしてしまいますよね。こういう不要な影が気になる人は、その凹んでいる部分をふっくらと見せる、ベースメイクの2つのテクニックを覚えましょう。まず1つめは、肌色よりもほんの少し明るめの下地やファンデーションを使うこと。明るい色は「膨張色」でもあるので少し明るめを選べば、顔の影を自然とふっくらと見せてくれます（ちなみに暗い色は「収縮色」なので、キュッと小顔に見せる効果がありますよ）。そして2つめは、繊細なパール入りのパウダーハイライトを使うこと。細かいパールの質感は、光を集めて肌を丸く見せる効果が！　自然と顔の影やくぼみをカバーしてくれます。

Q パンダ目を防ぐポイントは？

A まず、スキンケアを目まわりに塗りすぎないようにしましょう。油分が目元に多いと、どうしてもマスカラやアイラインが崩れやすくなります。スキンケアは適量を塗り、ベタつくときはティッシュで押さえてからメイクを始めましょう。日中の目まわりは、ファンデーションの油分がのっているうえ、涙や皮脂も出ているので、どうしても崩れやすくなるものです。この解決法は、メイクの最後に下まぶたにフェイスパウダーをのせることです。白っぽく見えないように、トランスルーセントタイプを選べば、厚ぼったい目元にならないはず。パウダーをブラシに取ったら、手の甲で粉の量を調節してからのせるのが、目元にのせすぎないコツです。

Q **ツヤメイクが苦手。テカリに見えない、上手なメイク方法はある？**

A 「ツヤ」はスプリングタイプとウィンタータイプに似合う質感です。逆に「マット」な質感が似合うサマータイプとオータムタイプは、工夫して取り入れないと違和感からテカリに見えやすいかもしれません。この場合は、ベースメイクをセミマットに仕上げて、ツヤを出したいところにハイライトを使うとよいでしょう。また、ツヤは「カジュアル、ナチュラル、若々しい」といった印象を相手にも与えるので、コーディネートにもカジュアル要素を取り入れれば、うまくまとまります。たとえば、ざっくりニットにきれいめパンツなどのファッションがおすすめです。

Q **眉の色がしっくりしないのは、どうすれば解決できる？**

A 眉色の基本は、瞳と髪の中間の色にすることです。髪色を明るく変えたせいでしっくりこないのなら、眉色も明るめに変えましょう。そして、もっとオシャレになるのが、アイシャドウと同系色を眉尻に仕込むテクニックです。バーガンディのアイシャドウなら、眉尻を赤みのある濃げ茶に。シックなブラウンシャドウの日は、定番の濃げ茶を眉尻にのせたり、オレンジシャドウなら明るく黄みのある色を眉尻に仕込んでみましょう。その日使うアイシャドウを、いつもの眉メイクの上に少量重ねても、つながり感が出てまとまりがよくなります。

おわりに

この本を手に取って、そして最後まで読んでくださり本当にありがとうございました。ひとりひとりの魅力を引き出すサポートがしたい。明日が少し楽しみになるような、そんな自分に出会うためのきっかけを作ってあげたい。そんな思いを込めてこの本を作りました。自分らしく「好き×似合う」を組み合わせて、カラーもメイクも楽しみながら毎日を過ごしてもらえたらなと思います。

最後になりましたが、この本を出す機会を与えてくださったKADOKAWAの遠藤さん、斉藤さん、ナナネール！の永田さん。パーソナルカラーの魅力を教えてくれた、ラピスアカデミーの花岡先生、nao先生、中島先生。そばで支えてくれているRikaさん、あや猫ちゃん、Tommyさん。そして、いつもブログを読んでくださっている皆さま。素敵な周りの方々のサポートがあり、出版することができました。本当にありがとうございます。この本を読んでくださった皆さまの明日、未来が、より豊かで素敵なものになりますように。

あやんぬ

撮影協力会社

アディクション ビューティ	☎0120-586-683
アリエルトレーディング	☎0120-201-790
RMK Division	☎0120-988-271
アルビオン	☎0120-114-225
アルティザン・アンド・アーティスト	☎0120-220-650
イヴ・サンローラン・ボーテ	☎0120-526-333
伊勢半	☎03-3262-3123
井田ラボラトリーズ	☎0120-44-1184
イプサお客さま窓口	☎0120-523543
エトヴォス	☎0120-0477-80
msh	☎0120-131-370
エレガンス コスメティックス	☎0120-766-995
オルビス	☎0120-010-010
カバーマーク カスタマーセンター	☎0120-117-133
カネボウ化粧品	☎0120-518-520
カネボウ化粧品（トワニー）	☎0120-108281
クラランス	☎03-3470-8545
クリニーク お客様相談室	☎0570-003-770
クレ・ド・ポー ボーテお客さま窓口	☎0120-86-1982
コスメデコルテ	☎0120-763-325
コーセー	☎0120-526-311
資生堂	☎0120-81-4710
SHISEIDO お客さま窓口	☎0120-587-289
ジルスチュアート ビューティ	☎0120-878-652
シュウ ウエムラ	☎0120-694-666
SUQQU	☎0120-988-761
セザンヌ化粧品	☎0120-55-8515
セルヴォーク	☎03-3261-2892
DAZZSHOP	☎0120-952-438
ちふれ化粧品	☎0120-147420
ドクター津田コスメラボ	☎0120-555-233
ディー・アップ	☎03-3479-8031
ディセンシア	☎0120-714-115
常盤薬品工業お客さま相談室	☎0120-081-937
ドクターケイ	☎0120-68-1217
NARS JAPAN	☎0120-356-686
ネイチャーズウェイ	☎0120-060802
HACCI	☎0120-1912-83
パルファン・クリスチャン・ディオール	☎03-3239-0618
ポーラお客さま相談室	☎0120-117111
ボビイ ブラウン	☎0570-003-770
メルヴィータジャポン	☎03-5210-5723
ラピスラズリ	☎045-550-4835
リンメル	☎0120-878-653
レブロン	☎0120-803-117
レ・メルヴェイユーズ ラデュレ	☎0120-818-727
ローラ メルシエ ジャパン	☎0120-343-432

＊掲載した商品の価格はすべて税抜きです。商品は2019年12月時点の情報です。販売が終了する場合があります。

STAFF

デザイン	bitter design
イラスト	itabamoe
撮影	山田結花、佐藤茉衣
編集協力	永田玲香（ナナネール！）
DTP	G-clef
校正	麦秋アートセンター

あやんぬ

メイク＆カラーコンサルタント。CSCA認定16タイプパーソナルカラーアナリスト、コスメコンシェルジュインストラクター、メイクセラピープロデューサー。パーソナルカラーや骨格診断などの資格や、元美容部員の経験を生かした美容情報が人気。ブログ、ツイッター、インスタでのメイク、スキンケア、パーソナルカラーやインナーケアについての発信は特に注目を集めている。
定期的に開催するパーソナルカラー診断やメイクのセミナーでは、ひとりひとりへ丁寧かつ的確なアドバイスをすることでファンも多い。

ブログ　https://ameblo.jp/ayannu-beauty
ツイッター @yannu61
インスタグラム @ayannu61

顔型《かおがた》とカラー診断《しんだん》で、
自分《じぶん》が一番《いちばん》きれいに見《み》えるメイクがわかる本

2019年12月26日　初版発行
2020年10月 5 日　 4 版発行

著者／あやんぬ

発行者／青柳 昌行

発行／株式会社KADOKAWA
〒102-8177　東京都千代田区富士見2-13-3
電話　0570-002-301（ナビダイヤル）

印刷所／図書印刷株式会社

●お問い合わせ
https://www.kadokawa.co.jp/（「お問い合わせ」へお進みください）
※内容によっては、お答えできない場合があります。
※サポートは日本国内のみとさせていただきます。
※Japanese text only

定価はカバーに表示してあります。

ISBN 978-4-04-064204-8　C0077

Spring

こちらのシートは**P37**のパーソナルカラー診断で使用します

Autumn

こちらのシートは**P37**のパーソナルカラー診断で使用します

Summer

こちらのシートは**P37**のパーソナルカラー診断で使用します

Winter

こちらのシートは**P37**のパーソナルカラー診断で使用します